老科学家学术成长资料采集工程丛书

中国科学院院士传记

在断了A弦的琴上奏出多复变最强音

陆启铿传

杨静◎著

佛山

1946年 考入国立中山大学数学天文系

1951年 调入中国科学院数学所筹备处

1956年 出版著作《多复变函数引论》

1963年 出版著作《典型流形与典型域》

1980年 当选中国科学院院士

老科学家学术成长资料采集工程

中国科学院院士传记丛书

在断了A弦的琴上 奏出多复变最强音

陆启铿传

杨静◎著

中国科学技术出版社

上海交通大学出版社

图书在版编目（CIP）数据

在断了A弦的琴上奏出多复变最强音：陆启铿传／杨静著．—北京：中国科学技术出版社，2017.4
（老科学家学术成长资料采集工程丛书　中国科学院院士传记丛书）
ISBN 978-7-5046-7447-0

Ⅰ．①在…　Ⅱ．①杨…　Ⅲ．①陆启铿－传记　Ⅳ．①K826.11

中国版本图书馆CIP数据核字(2017)第091255号

责任编辑	李双北
责任校对	凌红霞　杨京华
责任印制	张建农
版式设计	中文天地

出　　版	中国科学技术出版社　上海交通大学出版社
发　　行	中国科学技术出版社发行部
地　　址	北京市海淀区中关村南大街16号
邮　　编	100081
发行电话	010-62173865
传　　真	010-62173081
网　　址	http://www.cspbooks.com.cn

开　　本	787mm×1092mm　1/16
字　　数	225千字
印　　张	14.5
彩　　插	2
版　　次	2017年5月第1版
印　　次	2017年5月第1次印刷
印　　刷	北京华联印刷有限公司
书　　号	ISBN 978-7-5046-7447-0／K·223
定　　价	60.00元

老科学家学术成长资料采集工程简介

老科学家学术成长资料采集工程（以下简称“采集工程”）是根据国务院领导同志的指示精神，由国家科教领导小组于2010年正式启动，中国科协牵头，联合中组部、教育部、科技部、工信部、财政部、文化部、国资委、解放军总政治部、中国科学院、中国工程院、国家自然科学基金委员会等11部委共同实施的一项抢救性工程，旨在通过实物采集、口述访谈、录音录像等方法，把反映老科学家学术成长历程的关键事件、重要节点、师承关系等各方面的资料保存下来，为深入研究科技人才成长规律，宣传优秀科技人物提供第一手资料和原始素材。

采集工程是一项开创性工作。为确保采集工作规范科学，启动之初即成立了由中国科协主要领导任组长、12个部委分管领导任成员的领导小组，负责采集工程的宏观指导和重要政策措施制定，同时成立领导小组专家委员会负责采集原则确定、采集名单审定和学术咨询，委托科学史学者承担学术指导与组织工作，建立专门的馆藏基地确保采集资料的永久性收藏和提供使用，并研究制定了《采集工作流程》《采集工作规范》等一系列基础文件，作为采集人员的工作指南。截至2016年6月，已启动400多位老科学家的学术成长资料采集工作，获得手稿、书信等实物原件资料73968件，数字化资料178326件，视频资料4037小时，音频资料4963小时，具有重要的史料价值。

采集工程的成果目前主要有三种体现形式，一是建设“中国科学家博物馆网络版”，提供学术研究和弘扬科学精神、宣传科学家之用；二是编辑制作科学家专题资料片系列，以视频形式播出；三是研究撰写客观反映老科学家学术成长经历的研究报告，以学术传记的形式，与中国科学院、中国工程院联合出版。随着采集工程的不断拓展和深入，将有更多形式的采集成果问世，为社会公众了解老科学家的感人事迹，探索科技人才成长规律，研究中国科技事业的发展历程提供客观翔实的史料支撑。

总序一

中国科学技术协会主席　韩启德

老科学家是共和国建设的重要参与者，也是新中国科技发展历史的亲历者和见证者，他们的学术成长历程生动反映了近现代中国科技事业与科技教育的进展，本身就是新中国科技发展历史的重要组成部分。针对近年来老科学家相继辞世、学术成长资料大量散失的突出问题，中国科协于2009年向国务院提出抢救老科学家学术成长资料的建议，受到国务院领导同志的高度重视和充分肯定，并明确责成中国科协牵头，联合相关部门共同组织实施。根据国务院批复的《老科学家学术成长资料采集工程实施方案》，中国科协联合中组部、教育部、科技部、工业和信息化部、财政部、文化部、国资委、解放军总政治部、中国科学院、中国工程院、国家自然科学基金委员会等11部委共同组成领导小组，从2010年开始组织实施老科学家学术成长资料采集工程。

老科学家学术成长资料采集是一项系统工程，通过文献与口述资料的搜集和整理、录音录像、实物采集等形式，把反映老科学家求学历程、师承关系、科研活动、学术成就等学术成长中关键节点和重要事件的口述资料、实物资料和音像资料完整系统地保存下来，对于充实新中国科技发展的历史文献，理清我国科技界学术传承脉络，探索我国科技发展规律和科技人才成长规律，弘扬我国科技工作者求真务实、无私奉献的精神，在全社会营造爱科学、学科学、用科学的良好氛围，是一件很有意义的事情。采集工程把重点放在年龄在80岁以上、学术成长经历丰富的两院院士，以及虽然不是两院院士、但在我国科技事业发展中作出突出贡献的老科技工作者，充分体现了党和国家对老科学家的关心和爱护。

自2010年启动实施以来，采集工程以对历史负责、对国家负责、对科技事业负责的精神，开展了一系列工作，获得大量反映老科学家学术成长历程的文字资料、实物资料和音视频资料，其中有一些资料具有很高的史料价值和学术价值，弥足珍贵。

以传记丛书的形式把采集工程的成果展现给社会公众，是采集工程的目标之一，也是社会各界的共同期待。在我看来，这些传记丛书大都是在充分挖掘档案和书信等各种文献资料、与口述访谈相互印证校核、严密考证的基础之上形成的，内中还有许多很有价值的照片、手稿影印件等珍贵图片，基本做到了图文并茂，语言生动，既体现了历史的鲜活，又立体化地刻画了人物，较好地实现了真实性、专业性、可读性的有机统一。通过这套传记丛书，学者能够获得更加丰富扎实的文献依据，公众能够更加系统深入地了解老一辈科学家的成就、贡献、经历和品格，青少年可以更真实地了解科学家、了解科技活动，进而充分激发对科学家职业的浓厚兴趣。

借此机会，向所有接受采集的老科学家及其亲属朋友，向参与采集工程的工作人员和单位，表示衷心感谢。真诚希望这套丛书能够得到学术界的认可和读者的喜爱，希望采集工程能够得到更广泛的关注和支持。我期待并相信，随着时间的流逝，采集工程的成果将以更加丰富多样的形式呈现给社会公众，采集工程的意义也将越来越彰显于天下。

是为序。

总序二

中国科学院院长　白春礼

由国家科教领导小组直接启动，中国科学技术协会和中国科学院等12个部门和单位共同组织实施的老科学家学术成长资料采集工程，是国务院交办的一项重要任务，也是中国科技界的一件大事。值此采集工程传记丛书出版之际，我向采集工程的顺利实施表示热烈祝贺，向参与采集工程的老科学家和工作人员表示衷心感谢！

按照国务院批准实施的《老科学家学术成长资料采集工程实施方案》，开展这一工作的主要目的就是要通过录音录像、实物采集等多种方式，把反映老科学家学术成长历史的重要资料保存下来，丰富新中国科技发展的历史资料，推动形成新中国的学术传统，激发科技工作者的创新热情和创造活力，在全社会营造爱科学、学科学、用科学的良好氛围。通过实施采集工程，系统搜集、整理反映这些老科学家学术成长历程的关键事件、重要节点、学术传承关系等的各类文献、实物和音视频资料，并结合不同时期的社会发展和国际相关学科领域的发展背景加以梳理和研究，不仅有利于深入了解新中国科学发展的进程特别是老科学家所在学科的发展脉络，而且有利于发现老科学家成长成才中的关键人物、关键事件、关键因素，探索和把握高层次人才培养规律和创新人才成长规律，更有利于理清我国科技界学术传承脉络，深入了解我国科学传统的形成过程，在全社会范国内宣传弘扬老科学家的科学思想、卓越贡献和高尚品质，推动社会主义科学文化和创新文化建设。从这个意义上说，采集工程不仅是一项文化工程，更是一项严肃认真的学术建设工作。

中国科学院是科技事业的国家队，也是凝聚和团结广大院士的大家庭。早在 1955 年，中国科学院选举产生了第一批学部委员，1993 年国务院决定中国科学院学部委员改称中国科学院院士。半个多世纪以来，从学部委员到院士，经历了一个艰难的制度化进程，在我国科学事业发展史上书写了浓墨重彩的一笔。在目前已接受采集的老科学家中，有很大一部分即是上个世纪 80、90 年代当选的中国科学院学部委员、院士，其中既有学科领域的奠基人和开拓者，也有作出过重大科学成就的著名科学家，更有毕生在专门学科领域默默耕耘的一流学者。作为声誉卓著的学术带头人，他们以发展科技、服务国家、造福人民为己任，求真务实、开拓创新，为我国经济建设、社会发展、科技进步和国家安全作出了重要贡献；作为杰出的科学教育家，他们着力培养、大力提携青年人才，在弘扬科学精神、倡树科学理念方面书写了可歌可泣的光辉篇章。他们的学术成就和成长经历既是新中国科技发展的一个缩影，也是国家和社会的宝贵财富。通过采集工程为老科学家树碑立传，不仅对老科学家们的成就和贡献是一份肯定和安慰，也使我们多年的夙愿得偿！

鲁迅说过，“跨过那站着的前人”。过去的辉煌历史是老一辈科学家铸就的，新的历史篇章需要我们来谱写。衷心希望广大科技工作者能够通过“采集工程”的这套老科学家传记丛书和院士丛书等类似著作，深入具体地了解和学习老一辈科学家学术成长历程中的感人事迹和优秀品质；继承和弘扬老一辈科学家求真务实、勇于创新的科学精神，不畏艰险、勇攀高峰的探索精神，团结协作、淡泊名利的团队精神，报效祖国、服务社会的奉献精神，在推动科技发展和创新型国家建设的广阔道路上取得更辉煌的成绩。

总序三

中国工程院院长　周　济

由中国科协联合相关部门共同组织实施的老科学家学术成长资料采集工程，是一项经国务院批准开展的弘扬老一辈科技专家崇高精神、加强科学道德建设的重要工作，也是我国科技界的共同责任。中国工程院作为采集工程领导小组的成员单位，能够直接参与此项工作，深感责任重大、意义非凡。

在新的历史时期，科学技术作为第一生产力，已经日益成为经济社会发展的主要驱动力。科技工作者作为先进生产力的开拓者和先进文化的传播者，在推动科学技术进步和科技事业发展方面发挥着关键的决定的作用。

新中国成立以来，特别是改革开放30多年来，我们国家的工程科技取得了伟大的历史性成就，为祖国的现代化事业作出了巨大的历史性贡献。两弹一星、三峡工程、高速铁路、载人航天、杂交水稻、载人深潜、超级计算机……一项项重大工程为社会主义事业的蓬勃发展和祖国富强书写了浓墨重彩的篇章。

这些伟大的重大工程成就，凝聚和倾注了以钱学森、朱光亚、周光召、侯祥麟、袁隆平等为代表的一代又一代科技专家们的心血和智慧。他们克服重重困难，攻克无数技术难关，潜心开展科技研究，致力推动创新发展，为实现我国工程科技水平大幅提升和国家综合实力显著增强作出了杰出贡献。他们热爱祖国，忠于人民，自觉把个人事业融入到国家建设大局之中，为实现国家富强而不断奋斗；他们求真务实，勇于创新，用科技为中华民族的伟大复兴铸就了辉煌；他们治学严谨，鞠躬尽瘁，具有崇高的科学精神和科学道德，是我们后代学习的楷模。科学家们的一生是一本珍贵的教科书，他们坚定的理想信念和淡泊名利的崇高品格是中华民族自强不息精神的宝贵财富，永远值得后人铭记和敬仰。

通过实施采集工程，把反映老科学家学术成长经历的重要文字资料、实物资料和音像资料保存下来，把他们卓越的技术成就和可贵的精神品质记录下来，并编辑出版他们的学术传记，对于进一步宣传他们为我国科技发展和民族进步作出的不朽功勋，引导青年科技工作者学习继承他们的可贵精神和优秀品质，不断攀登世界科技高峰，推动在全社会弘扬科学精神，营造爱科学、讲科学、学科学、用科学的良好氛围，无疑有着十分重要的意义。

中国工程院是我国工程科技界的最高荣誉性、咨询性学术机构，集中了一大批成就卓著、德高望重的老科技专家。以各种形式把他们的学术成长经历留存下来，为后人提供启迪，为社会提供借鉴，为共和国的科技发展留下一份珍贵资料。这是我们的愿望和责任，也是科技界和全社会的共同期待。

周济

陆启铿

杨静、王海菊、顾英采访陆启铿（左二）（陆缨摄于 2014 年 5 月 13 日）

杨静采访陆启铿（左一）（顾英摄于 2014 年 5 月 13 日）

序

陆启铿先生是我多年朋友，时有过从。但文中所述很多事情，我都未曾听过。

早期在广州和澳门的经历，有些人和事，我都有一定认识，读来特别亲切，当年黄用诹先生在我读大学时就跟我谈起过华罗庚先生和启铿兄在典型域上的工作，计算的复杂，决非常人能够完成的。在这么困难的环境中，仍能做出一流的工作，使我感动。

在“文化大革命”等政治运动中的事情，学者所受的逼害，真是使人心酸。但是启铿兄仍然能做出一流的工作，培养出一流的学生，勇往直前，尊师重道，真是值得我们广东人骄傲的学者！

丘成桐（1949- ），广东省蕉岭县人。哈佛大学终身教授，美国科学院院士，中国科学院外籍院士，中国台湾“中央研究院”院士。获菲尔兹奖、克拉福德奖、沃尔夫奖等奖项。

主要研究领域是微分几何，极大扩展了偏微分方程在微分几何中的作用，影响遍及拓扑学、代数几何、表示理论、广义相对论等众多数学和物理领域。由他证明的“卡拉比猜想”和以他的名字命名的“卡拉比 - 丘流形”，是物理学中弦理论的基本概念。

希望启铿兄这部学术传记广为流传，让年轻人知道学者的辛苦和傲人的成绩！

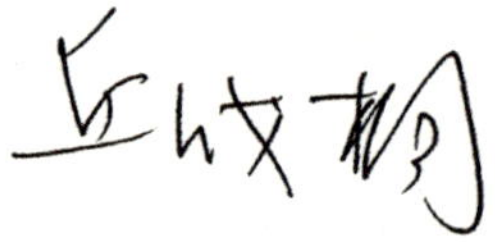

2013 年 11 月 1 日

目录

图片目录

导 言

新中国数学学科，从建国之初草创时期的开拓，到今天积极参与国际交流并取得一批世界级的研究成果，成为提升国家综合实力的先导基础学科，经历了艰辛、曲折的历程。其间，几代数学家为新中国数学事业的发展倾注了毕生心血，陆启铿院士是这个群体中杰出的一员。他的多复变函数论在国际数学领域占有一席之地。他的学术成长经历，他的奋斗与探索，他的科研成就，至今仍为人乐道。

关于传主

陆启铿，1927 年 5 月 17 日出生，2015 年 8 月 31 日逝世，广东省佛山市人。1950 年毕业于中山大学数学天文系。1951 年 7 月在华罗庚的亲自拔擢下调入中国科学院数学所筹备处，此后长期在数学所从事多复变函数论[①]和数学物理的研究，曾任数学所常务副所长并主持工作。1980 年当选为中国科学院院士，同年被选为中科院数学物理学部常务委员。

陆启铿是新中国培养的国际一流数学家。作为华罗庚先生归国后的第

① 多复变函数论是在数学中研究多个复变量的全纯函数的性质和结构的分支学科，又称多复分析。它广泛使用微分几何学、代数几何、李群、拓扑学、微分方程等相邻学科中的概念和方法，在流体力学、航空力学、热核聚变等物理学领域应用广泛。

一批亲传弟子，陆启铿凭借执着和禀赋，在学术研究中硕果累累，在多复变函数论和数学物理领域均取得了国际瞩目的成就。

陆启铿在多复变函数论做出了大量奠基性和开创性的工作，得到国际数学界的普遍认可，至今仍有广泛影响。他不仅学习、继承和发展了华罗庚的典型域上多复变函数论，而且开拓了多复变函数论与复几何、多复变函数论与理论物理的研究方向。他的关于单位球仅以曲率刻画的成果在国际上被称为“陆启铿定理”；他提出的关于 Bergman 核有无零点的“陆启铿猜想”是 1949 年以后国际数学界首次以中国数学家命名的猜想，成为多复变函数论的研究热点，相关区域被称为“陆启铿域”；他关于有界全纯映照的成果导致了 Caratheodory 度量不超过 Bergman 度量这一多复变的基本结果。他是国际上较早开展复几何研究的学者；他率先发现与曲率联系的多复变施瓦兹引理的成果，在国际上被称为“陆启铿不变量”和“陆启铿常数”。他与华罗庚合作，建立了典型域的调和函数的系统理论，解决了拉普拉斯—贝尔特拉米方程的狄利克雷问题。

陆启铿也是我国数学物理研究的开拓者和领导者之一，影响和推动了中国数学物理的研究。他率先指出了规范理论和纤维丛联络论之间的联系，并以联络论观点讨论了作为规范场的引力场。他在国际上率先开展了典型时空（常曲率空间）上相对论的研究，如今已形成一个重要研究方向。

陆启铿十分注重人才培养。在五十年代末，受华罗庚委托，陆启铿在北京大学开设多复变函数论专门化，培养起国内第一支多复变领域研究的基本队伍。他亲手培养的三十余名研究生，受益于他的倾心浇灌，大多已成为所在领域的领军人物，并涌现出多位院士和国家自然科学奖获得者。正是华罗庚先生和陆启铿先生做出的大量开拓性工作，使多复变学科在新中国得以创立和发展。

陆启铿重视国际交流。在他的主持下，改革开放伊始，数学所迅速恢复了与美国普林斯顿高等研究院、德国马普数学研究所、法国高等科学研究所、瑞典皇家科学院米塔—列夫勒研究所、意大利比萨高等师范学校、苏联科学院斯捷克洛夫研究所、日本京都数理解析研究所等学术机构的正常交流，并先后邀请丘成桐、伍鸿熙、萧荫堂等一批著名华人数学家来所讲学。同时，一批数学所的青年才俊开始负笈远游。陆启铿本人在交流中也收获颇丰，“扩充未来光锥管域的猜想”就是他访学苏联时带回的课题。在他的指导下，周向宇院士证明了“扩充未来光管是全纯域”，成为二十世纪下半叶数学发展的“亮点之一”。

陆启铿于1980—1983年担任中科院数学所常务副所长，主持全面工作，为恢复正常的科研秩序、重建研究生培养制度、扩大国际学术交流付出大量心血，为数学所在新时期的快速发展打下良好基础。

陆启铿幼年时因患骨髓灰质炎导致双腿残疾，只能借助双拐和电动车助力。但他从不自弱，以超乎常人的毅力，奏出了生命的最强音。同时，他关注残疾人事业，多次建言献策，希望社会能营造出更为公平的环境，让残疾人获得更多高等教育的机会。

耄耋之年的陆启铿仍然勤耕不辍，发表了多篇具有重要新思想的论文，取得的成果在国际上被称为“基本的不等式”，并于2013年获得《中国科学》优秀论文奖。

陆启铿先后获得“国家自然科学奖”、首届“华罗庚数学奖”、“何梁何利基金科学与技术进步奖”等多项奖项。国家主席习近平在2014年度两院院士大会上的讲话中将多复变与“两弹一星”等列为新中国成立以来重要的科学成就，这是国家对老一代数学家的工作的高度肯定。

采集工作

检视已经公开发表的文献，在学术专著和论文之外，涉及陆启铿院士人生轨迹和事迹的文章和报道仅零星见于报章，只反映了他学术生涯的某个断面，相对简略并不系统，因此很有必要从专业角度，对资料进行客观、科学地整理、遴选和分析。

整个采集工作分为访谈和资料搜集两部分。

访谈

访谈工作主要是与陆启铿长时间面对面采访。此外，还先后走访了曾与他有过密切交往的丘成桐院士、杨乐院士，老同事邹振隆教授、张历宁教授、王世坤研究员，学生陆汝钤院士、周向宇院士、谭小江教授、殷慰萍教授、杨小舟教授，以及夫人张木兰女士。全部访谈时长1545分钟，通过访谈，采集到大量珍贵的口述资料，对陆启铿学术成长的过程有了全景式的了解。

对陆启铿的访谈是从2013年年初开始的，正式采访共进行了四次。他思路敏捷，忆及往事条理分明，为我们展示了全景式的中国现代数学史。

丘成桐与陆启铿初识于普林斯顿，八十年代在陆启铿的力邀下，丘成桐曾到数学所讲学，从此两人在学术上相交甚密。丘成桐重点谈到陆氏学说的国际地位与评价，以及当今陆氏学说的拓展。丘先生还欣然同意为本书作序，作为对老友一生成就的总结。

陆启铿五十年代末在北京大学开设多复变函数专门化课程时，杨乐是北大数学力学系的学生。后来，两人长期在数学所共事，并先后主持所务。杨乐主要回忆了改革开放初期陆启铿主持数学所工作的那段往事。

对陆汝钤院士的访谈生动而有趣，每次都感觉意犹未尽。在五十多年的时间里，陆启铿与陆汝钤两人亦师亦友又是合作者，在数学所有“二陆”之称。陆汝钤在1959年在东德留学回国来到数学所后，在陆启铿指导下开始了多复变函数论的研究工作，1963年就在“在非对称的可适域上建立调和函数”方面实现突破，并发表了重要论文。陆汝钤主要回忆了国内多复变函数论学科建立之初的窘境，以及以陆启铿为代表的老一辈数学家在该学科做出的开拓性工作和取得成就的艰辛历程，对于多复变函数论在新中国的创立做了最好的注脚。

陆启铿其他同事和学生的访谈，重点回忆了陆启铿的学术活动和对年轻一代数学家们的精心培养。

陆启铿夫人张木兰女士出身名门，言谈举止温文尔雅，从家庭角度为我们讲述了她和陆院士共同生活的点点滴滴。

资料搜集

公开发表部分　笔者对陆启铿院士公开发表的论著、文章进行了细致收集、整理，汇总出 7 部专著，97 篇学术论文。

档案资料 笔者深入到陆启铿院士曾经学习和工作过的佛山铁军小学、澳门中德中学、中山大学和中科院数学所，得到大量的档案资料，对各项获奖证书、资历证书进行了系统的搜集和整理。

个人藏品 陆启铿院士的个人物品中，有大量的珍贵资料，包括与华罗庚、杨振宁、李政道、周光召等著名科学家的来往书信，本人历史照片以及与著名科学家、国家领导人的合影照片，从事学术活动各个时期的讲义、手稿。这些资料弥足珍贵。

重要采集成果

采集过程中，我们搜集到了大量的资料，主要有以下几类。

陆启铿、华罗庚来往书信

这几封书信往来于 1950 年华罗庚刚刚回到祖国，谋划新中国数学学科建设大计之际。自此陆启铿结识华罗庚，并开始了两人多年的师生之谊。信中记录了华罗庚亲力亲为商调陆启铿，最终使其顺利进入数学所筹备处的全过程。这是一位科学巨匠与一位初出校门的普通助教的平等对话。从这里我们可以领悟到华罗庚一代大师的博大胸怀，对待后进平易近人，提携、培养人才又是不遗余力。不由得钦佩他作为慧眼识才的伯乐，发现青年学子在数学上的异禀的独特眼光。

陆启铿、杨振宁来往书信

这封信中，杨振宁请陆启铿提供两篇论文和一份讲义以供参研，并请陆启铿把自己的著作转赠给汕头大学图书馆。杨振宁对陆启铿在理论物理领域的造诣颇为认可，并在不同场合对陆启铿在推广“杨—米尔斯方程”所做的工作表示赞许。

丘成桐回国访问照片

这是丘成桐 1983 年回国访问时的留影。在座的除了丘成桐、陆启铿之外，还有胡耀邦总书记，以及吴文俊、杨乐等数学家。胡耀邦曾经主持过科学院工作，他尊重知识、尊重人才，尽管身处高位，只要时间允许经常亲自过问科学院的重大事项，充分反映了党和国家领导人对科技事业的重视与关怀。丘成桐与陆启铿初识于美国普林斯顿高等研究院，以后两人常有交集，丘成桐曾多次公开强调“陆启铿定理”在多复变函数论学科的国际领先地位。

陆启铿“演算稿”

在采集过程中，发现、整理了大量陆启铿的演算手稿。这些凝聚了大量心血的手稿，是他漫长的学术研究活动的重要佐证。演算手稿的纸质已经泛黄，但笔迹依旧清晰。每页稿纸书写整齐，条理分明，虽有反复修改的痕迹，但繁而不乱，从中不难看出陆启铿严谨的治学态度。透过这些手稿，老科学家对待科学难题锲而不舍的探索精神跃然纸上，而其审慎严密的思维方式，科学逻辑的工作方法对新一代科技工作者永远都有教益。

研究思路与写作框架

本书的写作首先注重“实证”，保证全书内容的真实和准确。由于陆启铿从事的学术研究、取得的成就相对专业，在写作过程中引用的文献、论据、数学公式，均标明出处，非可靠而不得用。对于口述资料，尽量做到多人相互印证，使其客观而不偏颇。

其次是注意结合历史背景。科学家的成就有自身奋斗的原因，又离不开所处时代的影响。本书对中华人民共和国成立后的科研体制、学科建设、政治形势都有所涉及，结合陆启铿的学术成长，希望能够反映数学科学，尤其是多复变函数论领域发展的一个侧面。

最后是做到具有时代感。陆启铿取得辉煌成就的年代虽然已经过去，但他的思想仍闪烁着光辉。本书力求精炼出科学家的思维方式、研究方法和工作态度，以期对后人有所启迪。

全书共分为九章，记述了陆启铿各个时代的经历，分别是：

第一章，启蒙。叙述他童年不幸染病及战乱中求学的经历。第二章，大学时代。讲述他在中山大学完成学业的经历。第三章，走进数学所。回顾他在华罗庚拔擢下进入数学所及师从华罗庚的经历。第四章，成果初现。复现他专攻多复变函数论并开始崭露头角的经历。第五章，“陆启铿猜想”。论述他奠定了今后学术地位的巨大成就。第六章，跨越学科。记录他在理论物理领域取得的杰出成就。第七章，多事之秋的苦乐。回忆他在“文化大革命”中的经历。第八章，承担更多责任。记述他出任数学所常务副所长的付出、收获与遗憾。第九章，夕阳无限好。描写他晚年的学术和社会活动。

第一章
启蒙

坎坷童年

1927 年 5 月 17 日，陆启铿出生在广东佛山市一个商人家庭，父亲陆子骥、母亲梁志雅。陆家祖籍在广东省顺德县龙江乡，祖父是当地的殷实商人，到了陆子骥这一代才来到佛山经商。陆启铿兄妹四人，按年龄顺序依次为：陆启埙（1923—1996）、陆筠乔（女，1925—2012）、陆启铿（1927—2015），陆筠仪（女，1929—1948）。

陆子骥在广东佛山做土纸[①] 批发的生意，从福建采购运到佛山批发给零售商。在抗日战争以前，陆家一直做这个生意，生活水平在当时算中等以上，日子过得安稳、殷实。

陆启铿的祖父在他出生前就去世了。祖父膝下儿女很多，其中陆启铿的二伯父去世的早，身后没有留下孩子。按照当时的习俗，如果没有儿子

① 土纸，用竹子做的一种纸。

的话，二伯母不能继承陆家的遗产；只有有了同姓亲房的螟蛉子（即养子），才能继承本房遗产。因此，在陆启铿出生不久，父亲陆子骥把他过继给了二伯母。这样，二伯母就可以合法继承二伯父的遗产，而父亲陆子骥也希望陆启铿在将来能分得一部分财产，为家里多添一份收益。本是两方互有所图的一次过继，没想到后来却发生了变故，也因此对陆启铿童年的生活产生不小的影响。

过继之后，陆启铿时而和父母、时而和二伯母住在一起。在他大约三岁的时候，生了一场大病，病好以后，双脚便有点微跛，但不是很严重，仍能自如活动，和平常的小孩子没什么异样，只是不曾想这为以后的残疾埋下了祸根。

在五六岁的时候，陆启铿随二伯母去了广州，1934 年开始在广州的培英小学就读。这时的陆启铿颇为顽皮，常常和同学打架，直到把同学打倒在地才罢手。到了二年级的时候，二伯母利用陆启铿螟蛉的关系，在法庭上争取到遗产以后，顺势把他交还给亲生父母，陆启铿又回到了佛山。

回佛山后，陆启铿的腿开始恶化，已经影响到正常活动。好在陆家当时住在佛山市的行仁里，离家二三十米就有一个元甲小学，是佛山人为了纪念霍元甲办的，在当地比较有名气，陆启铿就近转入了元甲小学。因为曾经就读的广州培英小学教学质量很高，而且在培英念书时他还得过奖，所以跳了一班直接上了元甲小学的三年级。但是这一跳，因为没上过二年级，所以陆启铿在元甲小学念的糊里糊涂，成绩很一般。

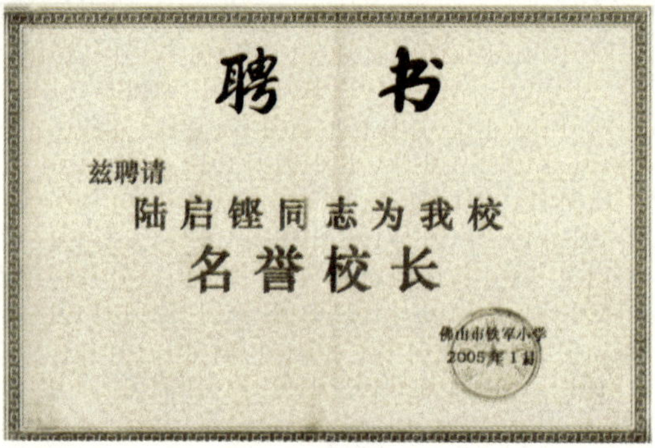

图 1–1　佛山市铁军小学聘书（资料来源：陆启铿提供）

陆启铿一家人和大部分家族的人住在一起，后来六叔父、八叔父结婚了，地方不够住，于是陆子骥一家只好分家搬走独住。这样就离元甲小学远了，陆启铿便转到季华小学从四年级念起，成绩中等。季华小学在当地也是不错的学校，校长是个女先生，办学很有章法。在《刑场上的婚礼》中的烈士陈铁军就是毕业于此，季华小学后来也因此改名为铁军小学。后来查到陆启铿曾在那里念过书，学校还请他做了名誉校长。

父亲陆子骥饱读四书五经，深受传统思想的影响，对家庭和子女颇为严厉。在陆启铿的印象中，父亲大多时候是严肃的。由于过继的事情事与愿违，一份额外的收益泡了汤，父亲很有些怨气，只能迁怒到陆启铿身上，对他愈发严厉。在生活中，父母亲常给其他孩子添置玩具、新衣裳、新鞋子，而陆启铿很少得到平等的待遇，就是小朋友间的游戏也受到干涉。因此，陆启铿在家里，只有坐在屋角沉默和幻想，养成了他成年后不喜欢说话的孤僻个性。在家里，只有妹妹陆筠仪和一个叫亚四的老女仆，对陆启铿表示同情，并经常帮助他。

陆启铿幼年的经历并不愉快，学业也不出众。面对家庭的歧视和不公，陆启铿早早地尝到世间的酸甜冷暖，性格也颇为桀骜不驯。

苦闷与觉醒

国家的变故常常会左右着家庭的命运，随着全面抗日战争的爆发，陆启铿一家平静的生活被打破了。

1938 年 10 月 12 日，日本人在大亚湾登陆，当月攻占广州，十几公里外的佛山随即陷落。在日寇大肆烧杀抢掠下，陆家的纸店不能幸免，也被日本人烧掉了。陆启铿一家和当地众多民众一样成为难民，在父亲陆子骥带领下仓促逃难到澳门。

到了澳门，一家人身上所带财物不多，只能住在贫民区里。这种贫民区建在港湾里面的海堤上，有两排房屋，每一单元大约是 16 平

图 1–2　父亲陆子骥
（资料来源：陆启铿提供）

图 1-3　母亲梁志雅
（资料来源：陆启铿提供）

方米，包括很小的厨房和厕所，有飓风、台风时，是渔民到港湾里的避风所。因为这个地方是澳门政府专为渔民、人力车夫这样的贫苦人修建的，所以租金很便宜。

陆启铿一家六口人住在这样一个单元里，空间非常狭小，连吃饭的地方都没有。家里只有一张床，父母用。陆启铿的姐姐和妹妹睡在阁楼上面；哥哥有一张小行军床，白天折起来，晚上铺开来睡；陆启铿只能睡在地板上。

最初到澳门还能靠父亲陆子骥卖纸，延续以前的小生意养家糊口，但很快这个小生意也断了，无奈之下，陆启铿十五岁的哥哥不得不也出来工作。当时的生活非常艰辛，平时每天只能吃两餐，一餐粥和一餐饭，有时两餐都是粥，偶尔还要吃些杂粮。周围的邻居也都是逃难的难民，情况差不多，生活都很贫苦。由于经济拮据，陆启铿只能失学在家。

家道中落，少年陆启铿迎来了最为灰色的时光。因为营养不良，陆启铿的旧病复发，没有钱医治，两脚疼得不能走路，整天待在屋里，辗转床侧两年多，只能在父亲督促下念些四书古文。在苦闷中，陆启铿甚至想到自杀，曾经有一次把一小瓶涂抹伤口用的红汞吞了下去，但奇怪的是一点反应也没有。

在这些痛苦而悠长的日子里，不经意间却闪过一丝光亮。有一次，陆启铿的一个舅舅路过澳门，顺路来看望陆启铿一家。这个舅舅上过大学，带着厚厚的眼镜，颇有些思想，他见少年陆启铿的情绪很悲观，便安慰他：世界上有许多残疾人都成为了伟人，当时的美国总统罗斯福也是跛脚的。临行还留下一句话："你的 A 弦断了，应该用其他三弦把你的生命之曲奏完！"多年之后，陆启铿才知道这句话出自叔本华的《人生之路如何走过》。

这句话好像一把钥匙，开启了陆启铿沉闭已久的心灵之窗，也成了座右铭，深深地影响了他的一生。这次偶然的机缘改变了陆启铿，他开始审视自己，往日的阴霾渐渐驱散，人也振作起来，决心用其他的三弦——双手和脑，奏响自己的生命之曲。他开始练习用一双木拐走路，虽然腋下常压得十分痛楚、甚至流血，但是，他咬牙坚持着，慢慢地习惯了这样走路。他走出家门来到户外，去亲近自然，让自己重新沐浴在生命的阳光下；随着心境的平复，陆启铿又重新拾起了书本，把学业作为精神上的寄托。

那时陆启铿的堂姐一家住在附近，她家经济尚可，堂姐正在上中学，陆启铿便借堂姐念过的书来读。当时的课本是国民政府统一编的，数学、物理、化学、生物、语文、地理等科目一应俱全。其中自学起来最难的是数学。没有老师讲授，陆启铿只能靠自己反复演算，每次完成课业都会有成就感，他发现自己竟然对数学有格外的兴趣。英语是跟哥哥陆启坝学的。逃难到澳门的时候，哥哥已经初中毕业了，父亲为了让哥哥找到工作，便送他去职业学校学习会计并补习英语，哥哥自己补习后就教给陆启铿。这样，短短两年的时间里，陆启铿系统修完了从小学到初中的全部课程。

流离中求学

自学完成了初中课程后，陆启铿求学的欲望便一发不可收拾，萌生了继续高中学业的念头，准备报考离家不远的中山县联合中学。

这里要回顾一下抗战时期，澳门的国民教育。当时的澳门是葡萄牙殖民地，由于与日本的暧昧关系，葡萄牙政府宣布澳门在中日战争中保持中立，澳门在抗日战争时期迎来了另类的繁荣。从 1937 年下半年开始，随着大量难民来到澳门，澳门人口从十多万增至 1940 年的四十多万，学生人数也从八千增至三万。为避战乱，广东省不少名校特别是广州市几十所大专和中小学校，先后迁到澳门。澳门一时人才汇集，名校林立。这使得澳门的国民教育一改以往殖民地教育的颓势，进入前所未有的繁荣阶段。

澳门当地居民以及逃到澳门的难民中，能负担学费的毕竟也是少数，大多数难民还挣扎在饥饿线上。一些有识之士痛感民族羸弱之源在于教育的缺失，重提梁启超先生曾经说过的“今日之责任，不在他人，而全在我少年；少年智则国智，少年强则国强”，开始践行启蒙教育，做到人人有学上、人人上好学，因此，难童义学就如雨后春笋般发展起来，许多私立学校为了照顾贫苦学生也兼办义学。中山县联合中学正是这时为避战乱，迁到澳门。

1942年，没有上过初中的陆启铿，以同等学力考取了澳门中山县联合中学高中一年级，当时的校长是林卓夫。考取高中后，陆启铿万分喜悦的同时，也有很多顾虑，担心会因为自己的残疾受到同学们的嘲笑和歧视。但是当他终于鼓起勇气走进学校的时候发现，同学们非但没有因为他的衣衫褴褛、腿脚不便而区别对待，反而给予他同情、鼓励和帮助，这使他倍感温暖。进入学校以后，虽然学费很少，但是钱还是不够用，因为需要吃饭、买书。幸好学校设立了“清贫奖学金”，考试科目是作文和数学，陆启铿通过考试很顺利地拿到了奖学金。奖学金有几十个银元，在请同学大快朵颐、庆祝一番后，买书、生活费等都不成问题。

就这样，陆启铿开始了一种新的生活，很快和学友们打成一片。这时的他，像解放了的小鸟一样，十分快乐。联合中学离黑沙环海滩很近，体育教师常带学生们去海里学游泳，陆启铿最好的时候可以仰泳一千米。陆启铿很珍惜宝贵的学习机会，平时除了在学校用功外，晚上回到鸽子笼般窄小的家里，依然在昏暗的油灯下做功课。倦了，就睡在地板上。醒了，继续苦读。他是一直没有床的，睡了许多年的地板。长期埋头读书，加之环境的不卫生、营养的不够，陆启铿的眼睛开始近视。

当时香港也被日本人占领了，很多英国侨民开始从香港逃到澳门，虽然也算难民，但是英国领事馆会每个月给本国侨民生活费，所以生活还过得去。相比之下，中国人就是另一番境地了，国民政府自顾不暇，对自己的难民不闻不问，任其自生自灭，当时难民的生活很悲惨，饿死很多人。而对还没饿死、奄奄一息的人，由于怕传染瘟疫，本地的殖民政府竟把他们关到一个难民营，实际上跟集中营一样，外面布满铁丝网，只能进不能出。难民营里每天都会饿死不少人，尸体被放到船上，运到大海里去扔掉。抛尸体的船就停在陆启铿住的贫民区不到五百米的海边，每天早上都可以看到一船一船的死人被扔进大海里。陆启铿那时每周都写周记，目睹此种人间惨景，有天便在周记上发出感慨，班上国语老师看完后评价很高，写下评语："看完之后，不禁潸然泪下。"

此时的澳门虽未沦陷，也类似沦陷，日伪对殖民政府并不尊重，在澳门进出无阻，横行跋扈。在这个恶劣危险的地带，校长林卓夫不畏艰险，仍继续热诚工作，倡导国民教育；同时，对日伪军侵占掠夺的暴行，大肆揭露，因此引起日伪特务机关的注意和忌恨。1943 年 2 月 1 日，林卓夫回家途中在寓所附近被枪杀，年仅 46 岁。大殓之日，澳门各界人士，邑侨亲朋，到场祭奠者逾千人①。噩耗传至国内，国民政府传令优恤，并列入中央抗日殉难 35 名烈士之一。陆启铿看到校长因为抗日而牺牲、众人哀悼的一幕，受到了很大的刺激，从此对日本人充满了仇恨。

校长殉职后，学校在澳门不能立足，于是要搬到内地去。为继续学业，陆启铿只好转学。

出　路

转学，就一定要找一个学费很低的学校，否则陆启铿很难为继。为了继续学业，陆启铿参加了澳门中德中学的转学考试，考试很全面，内容包括数学、物理、化学、英文、作文，好在陆启铿的考试成绩很好，获得了奖学金和免交学费的入学资格。

广州中德中学为中德教会合办，学校设有德文专修科，同时以国语授课、粤语解释。1939 年曾设一年制工程班；1942 年设建筑工程及无线电两

① 李健德：林卓夫其人其事。见：政协广东省中山市委员会文史委员会编，《中山文史》（第 31 辑）。中山：政协广东省中山市委员会文史委员会，1996 年，第 112–117 页。

科，供高中生选读。[①] 中德中学很重视德语教学，德文课设有奖学金，考试第一名者获得奖学金。学校还设了一个数学奖学金。当时澳门中德中学的校长是郭秉琦。[②]

郭秉琦留过德，外语很好，教过陆启铿德文。郭校长也是鼓励抗日的，那时办了一个刊物叫《钢铁月刊》，选陆启铿做了编辑。郭秉琦喜欢古典音乐，还组织了一个"马交歌咏团"，每年都演出一次。那时，陆启铿受到郭校长的影响，也很喜欢古典音乐。曾经有个教钢琴的老师还免费教陆启铿弹钢琴，这也成了他最初的艺术启蒙。中学毕业之后，由于没有练习钢琴的条件，后来就慢慢生疏了。多年以后，陆启铿曾搬到清华大学去住，有时他偷偷去清华大学的钢琴室练琴，著名的数学家陈建功知道了就说，"你也会钢琴的啊"，很是欣赏。

在中德中学，陆启铿延续之前的求学态度，各方面都有收获，高中最后的四个学期，陆启铿都取得全班第一名的数学奖学金，也曾取得三次德文奖学金；并且在高三时，他还得到了全澳门国文比赛第三名。陆启铿凭借免费学额和奖学金，完成了高中学业。1945 年 7 月，陆启铿从澳门中德中学高中毕业。

图 1-4　1945 年的陆启铿
（资料来源：陆启铿提供）

毕业后，父亲叫他去学做生意。父亲说："家庭已经破产了，读到高中已是不易，你不能一直白吃，一个残废的人，最好做一个掌柜"。那时，陆启铿虽然根本不敢动念大学的念头，但也不喜欢做商人，于是拒绝了父亲的建议。父亲很生气，却也没再强迫他。

① 刘羡冰：《世纪留痕：二十世纪澳门教育大事志》。澳门：出版单位不详，2002 年，第 82-83 页。

② 郭秉琦（1901-？），祖籍广东三水，上海同济大学土木工程科毕业。曾与德籍建筑师鸿达及施永利合作，设事务所于上海，执业建筑工程。1927 年回穗，仍执建筑师业。期间担任过国民政府军事委员会航空局工程师，中央军校第四分校上校教官兼技正，曾任广州中德中学教务主任。抗战爆发后辗转到了澳门，继续建筑师业务，并出资创办澳门中德中学，任校长。抗战期间历任国民党澳门党部委员，学生救济会主席等。

父亲陆子骥给了他几千元大洋券，在那时相当于50元港币，让他自谋生计。父亲的一个朋友，一位木船的船主，在运货到广州的时候，把他免费从澳门送到了广州。于是，陆启铿怀着对未来的茫然，黯然离开了家庭。

1945年8月，抗日战争胜利，日本投降。当时的广州刚被接收后不久，社会还是一片混乱，街道上异常污秽，到处都是饿殍。面对异常艰难的处境，拄着双拐的陆启铿感到迷茫彷徨、一筹莫展……最后决定到基督教青年会去找好友古永爵。

古永爵在基督教青年会的暂宿处工作，收入菲薄，自己的生活几乎也不能维持。幸而他可以借工作之便，免费招待陆启铿住在暂宿处，算是对陆启铿最大的照顾了。暂宿处里面住着的都是一些来自各处的青年流浪者，他们受到动荡社会的波及，都有一段悲惨的经历。白天，他们各自去找生活，晚上，他们带着沉重而疲乏的身体回来，围在一起粗野地高声地谈论他们今天可诅咒的经历。假如哪一个人口袋还有余钱的话，他一定毫不吝惜地拿出来请大家吃一次糖水。他们的衣服鞋袜和日用品是无分彼此地使用着，夜里便五六个人睡在一张大床上。那段时间里，陆启铿挪动双拐，蹒跚着走遍城市的各个角落，探访所有几乎只有一面之缘的相识者，恳求他们给自己找一份工作。可是他得到的回答是一次一次的屈辱：“残废人，你能做什么？还是回到家，安安静静地渡一生吧！”陆启铿只有失望地又在街上继续流浪。肚子饿得受不了的时候，他便加入到善后救济总署的“平民膳堂”门前那长长的队伍中，混迹在三轮车夫、小贩、乞儿当中，为的是那一碗还要花上几个铜板、怎么也吃不饱的舍饭。陆启铿已然习惯了那些身旁吃饭者发出的臭味，也不计较碗碟怎样脏，只要有一口饭吃就已经满足了。这段生活在陆启铿内心烙下了深深的印迹，使他对社会和人生收获了独特的体验。

正当陆启铿的钱快用光的时候，他的表妹写信来，介绍他到新乡县桐井中心小学校做教师。陆启铿的外公、外婆家就住在广东省新会县，他的表妹是新会县的一个小学教师，她没念过中学，仅仅是小学毕业，只能教初等小学。而陆启铿已经高中毕业了，就可以到正式的中心小学去教书。

对陆启铿来说，这简直是天上掉下来的意外惊喜，他马上借了一份旅费匆匆去上任，同时叫上了古永爵同行。

当时，小学教师待遇是每个月约120斤谷子，仅仅够吃。学校是由祠堂改造的，陆启铿和古永爵住在学校里的一个小房间，条件清苦，但陆启铿格外珍惜这份来之不易的工作，满心欢喜地投入到学校的教学当中。

当时，陶行知先生倡导为“中国教育寻觅新的曙光”，推行的乡村教育运动，影响很大，陆启铿也希望在桐井中心小学践行陶先生的“教学做合一”的观念，除了知识的灌输，还传播新的思想。课下，他把很多道理编成易懂的儿歌来教小学生们唱，他教育学生要有做叛逆者的勇气，去冲破旧体制的桎梏，其中有一首就叫作“小叛徒”，流传到很远的地方，其中有两句是“听小叛徒的歌声，冲破封建的气氛。”

桐井中心小学的校长堕落不堪，平时吸鸦片、嫖妓、赌博等无所不为，还克扣教师的薪水。他不能容许陆启铿和古永爵对旧有秩序的些许撼动，于是在学期结束的时候，把他们二人解聘了事。

就这样，他们两个人又失业了。面对不公的社会，他们屡屡挣扎，屡屡碰壁，竟萌生了同流合污的念头，想出个坑骗的招数去应付残酷的现实。他们用善后救济总署发的美军旧军装，扮成复员的军官，招摇着强行搭车，到了一个陌生的地方，分别冒充自己曾是大学的学生，来办补习班，很是赚了一笔钱。但是面对多少有些来路不正之财，陆启铿和古永爵内心时时受到煎熬，觉得毕竟不是长久之计。最终，他们决定把学校停掉，带着这笔不甚光彩的小财，去考大学。1946年，陆启铿考入中山大学，古永爵考入岭南大学。

第二章 大学时代

陆启铿高中毕业后，经过一年的游荡，终于打定主意报考大学。这段近乎流浪的生活，并没有让陆启铿已经熟志于心的知识有些许淡忘，反倒是身心在苦难中得到深深历练。冷静思考后，考虑到自己身体的不便，他放弃了当时收入颇丰的工学、农学方向，选择了自少年时便兴趣所在、高中常有优异表现、相对枯燥的数学专业。1946 年 9 月，陆启铿顺利考入中山大学数学天文系，从此，数学成了陆启铿毕生追索的事业。

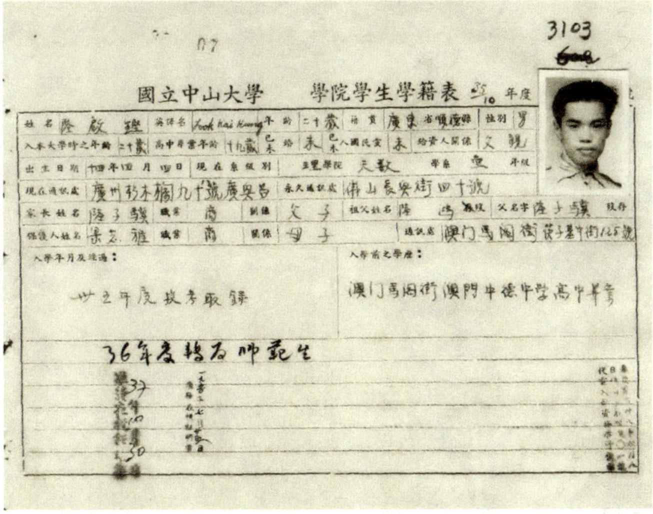
3103

國立中山大學　學院學生學籍表

图 2–1　陆启铿在中山大学的学籍表（资料来源：广东省档案馆）

中山大学理学院

陆启铿是抗战胜利后中山大学复校所招的第一批学生。

中山大学创立于1924年，最初名为“国立广东大学”，是在孙中山先生亲自主持下，由当时的广东高等师范学校、广东公立法政大学、广东公立农业专门学校合并而成。孙中山先生逝世后，根据廖仲恺的提议，在1926年，正式更名为“国立中山大学”。几年间，中山大学就发展成为相当规模的综合性大学，成为岭南最高学府，一时有“文校中山，武校黄埔”之誉。

抗战期间，中山大学几度迁徙，曾经三易校址，先迁云南澄江，再迁粤北坪石，三迁粤东仁化、梅县、连县，经历了七年的颠沛流离。但中大师生始终维系着独有的凝聚力，“在流离中坚持学术理想，在动荡中坚持抗日救亡”①，教学相长，在历史上留下了一所名校沉重而充满精神的一笔。

图 2-2　中山大学校门旧址（摄于 2013 年。资料来源：杨静提供）

① 梅志清，陈枫，段功伟等:《思乡曲》伴随中大流离岁月。《南方日报》，2005年8月15日。

一俟抗战胜利后，1945 年 10 月起，中山大学开始陆续从梅县、连县、仁化等地迁回广州旧址石牌。这时的学校已是满目疮痍，原来的校舍几经轰炸和驻军，破坏严重，学校的图书资料、仪器设备等分散各地，有的已经散失，有的在战火中被焚毁。面对百废待兴的局面，师生们以极大的热情投入到复校事业中。先是成立了复员委员会，分组负责复校专项工作，然后在国内外延聘知名学者并积极组织流散的老师返省，多方收集图书、仪器，同时自己动手修缮校舍，很快就恢复了理学院、文学院、法学院、工学院、农学院、师范院，并于 1946 年秋季，在学校原址迎来了复校后第一批入学新生。

图 2-3　中山大学理学院旧址（摄于 2013 年。资料来源：杨静提供）

陆启铿所在的中山大学理学院数学天文系正式成立于 1926 年秋。作为中大历史最悠久的院系，复校后得到新的发展，一时名师汇聚，如胡金昌、刘俊贤、黄用諏、叶述武、张云、邹仪新等，而且这些知名学者均执教于教学一线，倾囊相教，践行传业解惑的责任。

陆启铿在中山大学读书的这段时间，民国的高等数学教育进入了一个新的时期。

中国近现代的高等数学教育发端于民国初年，一批在西方获得数学学位的留学生学成归国，带回了西方最新的学术成果和先进的办学理念。到三十年代末期，在政府的推动下，教育部先后颁定了“文理法三学院各学系课程整理办法草案”和“ 文理法三学院分院共同必修科目表”，使大学里的数学教育内容标准化，教学质量得到长足进步。抗战胜利后，高等数学教育得到快速恢复，到 1949 年，大学里的数学学科建设已经具备一定规模，在人才培养、研究体制、学术成果几方面取得均取得相当成就，是中国近代数学史上的一个“黄金时代”。

这个时期的课程设置分为理学院共同必修科目、数学系必修科目、数学系选修科目三种，见下表[①]：

课程分类	主要科目
理学院共同必修科目	国文，外语，高等数学、微积分学任选一种，中国通史，社会科学，自然科学（物理学、化学、生物学、地质学任选二种）
数学系必修科目	微分方程，方程式论，射影几何学，高等分析或高等微积分学，高等解析几何学，近世代数学，复变数函数论，微分几何学，理论力学，第二外语，毕业论文或研究报告
数学系选修科目	数论，投影几何学，概率，向量分析，天文学，非欧几何学，级数论，群论，统计学，实变数函数论，微分方程式论，偏微分方程式论，变分学，椭圆函数论，形式几何学，波动力学，数学物理，数学史

同时，中山大学理学院的学术活动活跃，不断有学者发表新的著作，如黄际遇（黄任初）的《黄任初先生文抄》（国立中山大学出版组，1947年8月），萨本栋的《实用微积分》（青年图书出版社厦门分社，1948年4月），邹豹君的《欧洲地理》（商务印书馆，1948年5月），张云的《变形研究法》（国立中山大学出版部，1948年），何绍钦的《微积分学》（国立中山大学出版部，1946年7月）。

学院主办了多种学术期刊，有《自然科学》季刊、《科学世纪》月刊（科学研究会主办）、《数学教育》（南中国社会数学会主办）、《天文台》双月刊，刊发大批高水平学术论文。[②]

为了提倡学术研究，推行科学教育，1948年暑假，中山大学与广东省教育厅、广州市教育局联合举办暑假学术演讲会，理学院积极襄助。黄用诹教授的“相对论与理曼几何之浅义”和刘俊贤教授的“生存竞争之数理”，获得不错反响。[③]

① 杨静，潘丽云，刘献军等:《大众数学史》。济南：山东科学技术出版社，2016年，第193页。

② 吴定宇:《中山大学校史》。广州：中山大学出版社，2006年，第233页。

③ 吴定宇:《中山大学校史》。广州：中山大学出版社，2006年，第228页。

从正式复校到新中国成立，虽然条件艰苦，时局动荡，但是理学院的教师们仍营造了浓厚的学术氛围，教学科研活动均得到深入开展，既培养了一批学有所长的新进，也取得不少国际国内学术界有影响的成果。

苦读成“圣人”

崭新的大学生活让陆启铿兴奋不已，他几乎把全部的精力都用在读书上。

一年级的课程有英语、物理、化学、微积分等。从二年级开始学习专业课，当时的课程和任课教师分别是：胡金昌教“代数”和“投影几何”，刘俊贤教“函数论”，叶述武教“高等分析”，邹仪新教“普通天文学”，黄用诹教“几何基础论”。

平时上课并没有统一的教材，老师喜欢教什么就教什么，没有约束，而且每个教授都各有各的特色、各有各的讲法。通常是教授在台前天马行空高谈，学生台下行云流水做笔记。当然，每门课都有一本可靠的蓝本，可以涵盖课上的内容，教授会在课下告诉学生去看哪些参考书，以便对课上内容做验证和补遗。如高等分析课的蓝本是法国数学家古尔萨（Edouard-Jean-Baptiste Goursat，1858—1936）的名著《数学分析教程》，这本书很难，但学通以后也会打下一个很好的基础。这种教学模式，要求学生课上要非常集中注意力，跟上老师的节奏，理解老师的思维方式，课下又可以自己去求证。长期下来，陆启铿养成了科学、严谨的学术习惯。

在开设的专业课中，他学的最好的课程就是刘俊贤讲的“函数论”。刘俊贤上课不看教材，从头到尾非常流畅，陆启铿听得津津有味，不仅对这门课产生了浓厚的兴趣，经常向这位老师求教，而且也非常看重这位老师的意见。正是受到了刘俊贤和胡金昌的影响，后来陆启铿选择函数论作为研究方向。

黄用诹教的“几何基础论”是选修课，听课的只有陆启铿和梅向明两名学生。梅向明比陆启铿高两届，年龄比陆启铿小一岁。当时中山大学数学系的教授多是早期的留学生，由于受到抗日战争的影响，对最新的科研动向和资料缺乏了解，因此教学内容略显老化。而黄用诹刚刚从国外回来，带来了新的几何概念，这让陆启铿和梅向明学到了很多新的几何知识，很有收获。这门课结束的时候没有考试，只是按照他俩平时的表现打了分。陆启铿只得了 60 分，梅向明的分数稍高一些。一年多以后，黄用诹转到了香港大学工作，似乎从此以后，黄用诹和陆启铿不会再有交集。可谁想到在 1980 年，有一个东南亚数学会的会议在香港举行。黄用诹在会上做了一个报告，报告中引用了陆启铿的研究（著作《典型流形与典型域》）达 5 次之多，并对陆启铿的工作给予了很高的评价。这恐怕是当初师生三人都没有料到的。

中山大学的课程设置是学分制，有选修课和必修课两种。当时还开设了一些人文社会科学方面的课程，也分为选修课和必修课。必修课之一是“三民主义”，大家不用全部去上课，轮流派几个代表到课，替大家签名，平时根本没有学；考试的时候，学生们也挤到一块儿，互相抄袭，最后结果都及格。倒是“主义”最好蒙混。

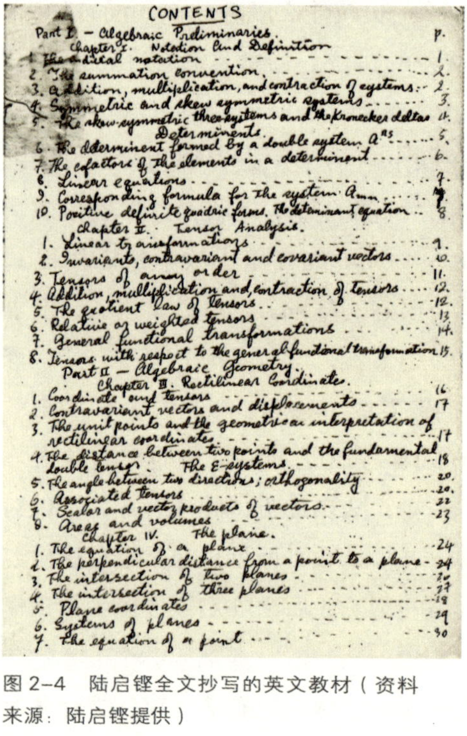
CONTENTS

Part I – Algebraic Preliminaries. p.

Chapter I. Notation and Definition

1. The indicial notation .... 1.
2. The summation convention .... 2.
3. Addition, multiplication, and contraction of systems .... 2.
4. Symmetric and skew symmetric systems .... 3.
5. The skew-symmetric three-systems and the Kronecker deltas .... 4.

Determinants.

6. The determinant formed by a double system a^{rs} .... 5.
7. The cofactors of the elements in a determinant .... 6.
8. Linear equations .... 7.
9. Corresponding formula for the system a_{mn} .... 7.
10. Positive definite quadric forms. The determinant equation .... 8.

Chapter II. Tensor Analysis.

1. Linear transformations .... 9.
2. Invariants, contravariant and covariant vectors .... 10.
3. Tensors of any order .... 11.
4. Addition, multiplication and contraction of tensors .... 12.
5. The quotient law of tensors .... 12.
6. Relative or weighted tensors .... 13.
7. General functional transformations .... 14.
8. Tensors with respect to the general functional transformation 15.

Part II – Algebraic Geometry.

Chapter III. Rectilinear Coordinate.

1. Coordinate and tensors 16
2. Contravariant vectors and displacements 17
3. The unit points and the geometrical interpretation of rectilinear coordinates 17
4. The distance between two points and the fundamental double tensor. The E-systems 18
5. The angle between two directions; orthogonality .... 20.
6. Associated tensors .... 20.
7. Scalar and vector products of vectors 22
8. Areas and volumes 23

Chapter IV. The plane.

1. The equation of a plane 24
2. The perpendicular distance from a point to a plane 24
3. The intersection of two planes 26
4. The intersection of three planes 27
5. Plane coordinates 28
6. Systems of planes 29
7. The equation of a point 30

图 2-4　陆启铿全文抄写的英文教材（资料来源：陆启铿提供）

课余的时间，陆启铿整天泡在图书馆里，只要碰到了少见又感兴趣的英文专业书籍，就动手一字一句地抄录下来。除了学习专业书，其他书籍也都有所涉猎，如《数理经济学》《量子论》《相对论》等，即使很难读懂，也强迫自己浏览个大概，这为未来能跨领域开拓学术研究打下了很好的基础。

大学的生活虽然清苦，好在

学业上的进步给陆启铿带来了更多的乐趣，日子过得充实而恬淡。他平日里埋头读书，不问外事，也不交朋友，在同学眼中，他是一个衣衫褴褛、不修边幅的“圣人”。数学专业是冷门，学习过程又艰苦枯燥，很多人甚至不能坚持下去。一年级的时候还有二十多名学生，到二年级大多数学生就转到其他系了。在陆启铿大四快毕业的时候，数学系只剩下他和同学潘文熙了。

但陆启铿也并非不关注时局。20 世纪 40 年代，对于中国人来说是个多灾多难的年代。庆祝抗战胜利的焰火还未散去，国家又被拖进内战的泥潭。一场“反饥饿反内战反迫害”的学生运动在中山大学悄然兴起。

1947 年 5 月 24 日上午 10 时，由 803 个同学签名发起的全校同学大会在中山大学体育馆举行，2500 多位同学参加了大会。大会通过了罢课 3 天以声援北平、上海和南京的同学；要求增加教育经费，经费应占全国总预算的 15%；通电慰问南京中央大学受伤的同学；组织全校罢课和示威游行等十几项决议。全校大会一结束，罢课便开始了。

中山大学学生罢课和决定游行的消息传开后，广东文理学院、广东法商学院、中华文化学院、岭南大学、国民大学、广州大学和华侨师范学校的许多同学也纷纷响应。这场反饥饿、反内战的学生爱国运动持续了近一个月。

由于腿不好、行走不便，陆启铿没有参加大游行。只是怀着对流血同学的同情和对现状的不满，参加了罢课行动。有一次，国民党抓了几十个组织罢课游行的学生，关在三民主义青年团团部。学生包围青年团部，要求放人。团部旁边围一大圈宪兵拿着刺刀对着学生们，陆启铿也在其中。宪兵命令学生限时撤退，否则就开枪，子弹都已经上膛。那时，刘俊贤和几个教授一起去跟国民党宪兵队交涉、谈判，才没有出现流血事件。

手无寸铁、流血受伤的同学，挺身而出的教授，振臂高呼的游行队伍，荷兵实弹的宪兵，眼前的一幕幕深深触动了陆启铿，于学业的痴迷中，开始关注周围正在发生的事情。

大学二年级的时候，陆启铿参加了共产党的外围组织“自然科学研究会”，这个组织表面上是组织学生在业余时间研究自然科学，实际上是组织大家看进步的书籍，经常传递来自解放区的新鲜信息。虽然陆启铿时常要到校外去帮人补习功课，回校后又忙着读书，只是偶尔参加活动，但慢慢也对生机勃勃的解放区充满了好奇。

困顿与坚持

陆启铿一进大学，马上面对的是没有生活来源的困顿。入学不久，他和其他经济困难的学生一样，申请转成了师范生。那时的师范生完全公费，吃住都不要钱，条件是毕业后要当三至四年的中学教师。

当时的中山大学，复校不到一年，百废待兴，生活条件很是艰苦。自来水每天供应两个小时，早上 7 点到 8 点，晚上 8 点到 9 点，每到这个时间，学生们都是蜂拥而至，抓紧时间洗漱，还要准备好一天的饮用。吃饭虽是免费，但每天只有午餐和晚餐两顿饭，没有早餐。午餐大约在上午 11 点开饭，食堂的师傅搬出一大筐饭，一大盆菜，每个学生只给一勺菜。饭是沙谷米做的，就是谷子、米还杂有沙土，三种混合在一起蒸熟。即使这样，学生们为了果腹也是拼命抢着吃。一个月里，食堂最多能见到两次荤腥。石牌校区当时有五座宿舍楼，如果 11 点没有课，还可以早点跑过去吃上热饭。若赶上 11 点钟有课，12 点去餐厅就只有剩饭、剩菜。有钱的学生会到外面去吃早点，而陆启铿只能省掉这个程序。学校规定每晚 10 点统一熄灯，由于没有钱，买不起蜡烛、油灯，大学期间陆启铿从来不开夜车读书，只能白天尽量抓紧时间。

虽然吃住都不用花钱了，但是还有买书和维持其他日常开销的费用，作为师范生不能领奖学金，陆启铿一进入大学，就不敷支出。为了挣生活费，陆启铿只能凭借学业上的优势，每逢周末或寒暑假跑回佛山老家做家教，帮人补习功课。这样，他大学期间基本上是半工半读的状态。

陆启铿每周五下午从中山大学回佛山当家教，周一早上回广州，来回路上要花不少时间，陆启铿便坐在车上想数学问题，时间一久，也有不少

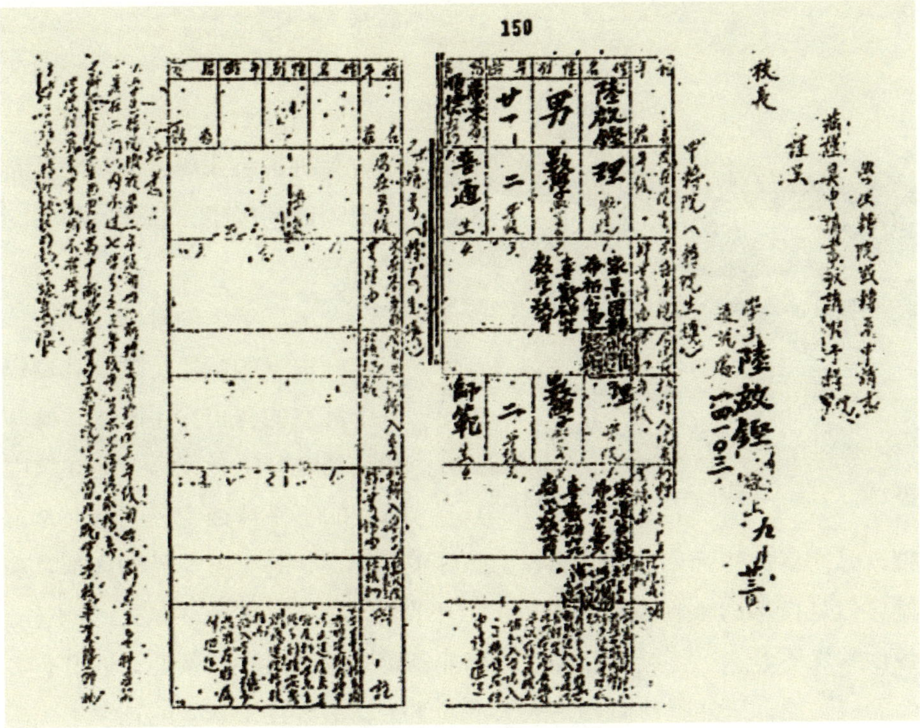

图 2-5　陆启铿转师范生申请表（资料来源：广东省档案馆）

收获。

暑假较长，陆启铿恰好在佛山有一个亲戚，可以把房子借给他住，陆启铿便想起了办补习学校的主意。为了招到学生，他在《佛山日报》上刊登招生广告，用很小的一块版面，标题是“陆氏补习学校招生”，一登还真就有人上门。家教是高中课程，凭着自己的学力不用备课，白天做家教 8 个小时，每个钟头有 2—3 人，教授数理化和英语，每人每小时收费 10 元港币。晚上就用来自习。慢慢的，“陆氏学校”有了些名气，来报名的学生不少，特别是暑假最多，佛山县长的儿子也来过。有的学生补习后考取了中山大学，变成了他的校友。

这样，陆启铿靠勤工家教挣的钱基本满足了上学的花费。

陆启铿在大学的后半段，因为突发的变故，曾经有两次萌生了退学的念头，而每次都是在古永爵的鼓励和支持下，才打消了这个念头。古永爵是陆启铿少年时就结识的挚友，两人在广州时曾有一段共同患难的经历，

图 2-6 好友古永爵（资料来源：陆启铿提供）

后来又一起考上了大学，一个上了中山大学，一个上了岭南大学。每当陆启铿遇到困厄时，总是首先告诉古永爵，而每次总是能得到他的援手，在当时显得尤其珍贵。

大学三年级的时候，陆家传来妹妹去世的噩耗。这给陆启铿一个沉重的打击！小时候，妹妹和陆启铿亲密无间，对他在家中所受的不平待遇十分同情，常常把自己的零食和玩具拿给陆启铿。妹妹美丽活泼，每个看见她的人都喜欢她。但是自从逃难到澳门的贫民区，不良的卫生环境和长期的营养不佳，致使妹妹不幸患上了肺病。虽然母亲非常疼爱这个最小的女儿，但没有多余的钱医治，只能眼看着她一天天消瘦下去，最终在十八岁的花季年华凋谢离世。

妹妹的死深深地刺痛了陆启铿，他感到在动荡的时局下，贫困会让人如此束手无策。回想起三年前在“平民膳堂”前自己曾与之为伍的贫民，那一张张在饥饿线上挣扎的无力的面孔；一年前学潮中，当局的种种不公的举措；而自己今后也面临着毕业即失业的局面，陆启铿的心中一片茫然。

在严酷的现实面前，陆启铿深感绝望，竟决心抛弃心爱的学业，到刚解放的北京开始一个新的生活。于是，他写信给在岭南大学读书的古永爵，打算借旅费去北京。古永爵那时已经秘密参加了地下学联，当时并没有告诉陆启铿，陆启铿知道这事还是在广州解放以后。古永爵接到信后，马上和他的爱人一起来看陆启铿。古永爵开导他，革命不是浪漫的，因一时的冲动而放弃学业得不偿失，明确告诉他：“广州也快解放了，没必要跑到北京，在这里同样可以迎接新的生活。”在古永爵的劝说下，陆启铿才放下辍学的念头。

图 2-7　中山大学 1950 年毕业同学录（资料来源：陆启铿提供）

1949年10月14日广州解放了。这时的广州，到处喜气洋洋，而陆启镗又遇到了一个新的难题，没有人再找他补习功课了，陆启镗又陷入生活无以为继的困境。他想去参加工作，因此再次萌生退学的念头。这次，又是古永爵阻止了他，告诫他不能半途而废，新社会更需要学有所成的人。此时，古永爵已经是一名共产党员，在南通社工作，他节省下并不多的工资，支持陆启镗去完成最后的学业。

转眼到了大学四年级，开始做毕业论文了，陆启镗选择刘俊贤做导师。当时，刘俊贤担任数学系主任，陆启镗在学业上受刘俊贤的影响很大，也一向对他的人品很敬重。毕业论文题目是“似形表像及模函数”，得了90分的高分。陆启镗虽然希望能沿着这篇论文继续深入研究函数论，但是缺乏相关资料，只能遗憾的暂时停止。

1950年7月，陆启镗大学毕业，因品学兼优，留校当了助教。参加工作后，给教授助课的第一门是微积分，主要是批改习题和答卷，帮助学生们答疑。他思路清晰，讲解起来由浅入深，很受同学们的欢迎，都喊他陆大哥，十分亲热。助课之余，陆启镗还坚持做些研究，随时关注和跟进数学领域的最新动态。

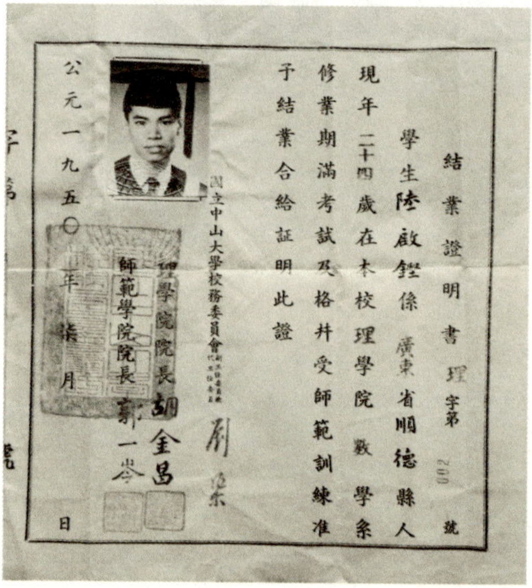
結業證明書 理字第002號
學生陸啟鏗係廣東省順德縣人
現年二十四歲在本校理學院數學系
修業期滿考試及格并受師範訓練准
予結業合給証明此證
國立中山大學校務委員會
理學院院長 胡金昌
師範學院院長 郭一岑
公元一九五〇年 月 日

图2–8　陆启镗结业证书（1950年。资料来源：陆启镗提供）

这个时期，陆启镗政治上也很活跃。

新中国成立后，中山大学把院本部的一个大房间改为了阅览室，收集了大量从苏联翻译过来的进步书籍，供大家学习。陆启镗有空就到阅览室翻阅，有一次发现了保尔·柯察金的《钢铁是怎样炼成的》，引起了他的兴趣，便一口气读完。通过自己的观察和不断接受的教育，陆启镗的思想起了变化，开始向共产党组织靠拢，并递交了加入新民主主义青年团的申请书。当时“自然科学研究会”里，有个叫洪斯溢的学生是共产党员，数学天文系的，比陆启铿低一班，了解陆启铿的情况，于是作为他的入团介绍人。1950年3月17日，陆启铿被批准入团。

图2-9　大学毕业留校时的陆启铿
（资料来源：陆启铿提供）

工作后，他积极承担组织上安排的政治任务，负责对一年级学生的政治思想进行辅导，还被选为理学院教职员团支部委员和干部学习会理学院支会委员。

第三章
走进数学所

初识大师

1950 年华罗庚从美国绕道香港回国，在广州停留时，应邀在中山大学做学术报告。在当时，这次报告会只是名震天下的数学家回国途中的小插曲，新闻报道中鲜有提及。当陆启铿得知仰慕已久的数学大师来到自己学校，他当然不会错过这次当面聆听教导的机会。但陆启铿也许没有预料到，华罗庚将是彻底改变他人生轨迹的人。华罗庚这时刚从异国享誉归来，已是备受国家重视的大师级学界领袖，而陆启铿只是偏居广东省南部一隅、刚刚毕业、默默无闻的一个小助教。两个地位相差如此悬殊的人，经过这次不经意的邂逅，命运竟交集到一起，亦师亦友几十年。

华罗庚（1910—1985），出生于江苏省金坛市。1936 年华罗庚到英国留学，发表了多篇有分量的文章，赢得了国际声誉。1937 年回到清华大学任教授，后在国立西南联合大学任职。1946 年 9 月，华罗庚在普林斯顿高等研究院访问，并于 1948 年被美国伊利诺依大学聘为正教授。当中华人民共和国成立的消息传到大洋彼岸，华罗庚发出“梁园虽好，非久居之乡”

的感慨，毅然决定放弃在美国的优渥待遇，回到祖国的怀抱，要为新中国的数学领域开拓新的局面。[①] 1950 年 3 月 16 日，华罗庚到达北京，任清华大学数学系主任。6 月 7 日，中国科学院数学研究所筹备处成立，华罗庚任筹备处副主任，主持工作。

陆启铿的学生时代就很钦服华罗庚在学术上的造诣，在听了华罗庚的报告之后，尤为感动。看到华罗庚走上讲台微跛的身影，更是有一种惺惺相惜的亲切感。很快，他给华罗庚写了一封信，表达了仰慕之情，以及做华罗庚学生的强烈愿望。华罗庚曾深受"伯乐"之恩，又恰逢数学研究所正在筹备，需要吸收有能力的年轻人来所，便回信让陆启铿把他的毕业论文与成绩单寄来。陆启铿立即遵照寄出。1951 年 1 月 2 日，华罗庚来信说愿意收陆启铿为学生，并帮助陆启铿调到中国科学院。青年陆启铿即将迎来事业上新的起点。

华罗庚寄给陆启铿的信原文如下：

陆启铿先生：

示悉已久，因忙未即复。

刻拟向先生了解一下情况：如中国科学院拟聘先生为研究实习员，专做研究工作，不知可否由中大协商办理？切实言之：

1. 先生是否愿意。

2. 如先生愿意，请与刘俊贤先生商讨，可否协商办理。

3. 如刘先生与校方同意，请刘先生写一推荐信及先生写一自荐寄来。

4. 我当向科学院推荐。

此请

研安。

华罗庚

五一年一月二日

刘先生处请代问安。[②]

---

① 王元：《华罗庚》。北京：开明出版社，1994 年，第 157-161 页。

② 此处刘先生，指的是刘俊贤教授。

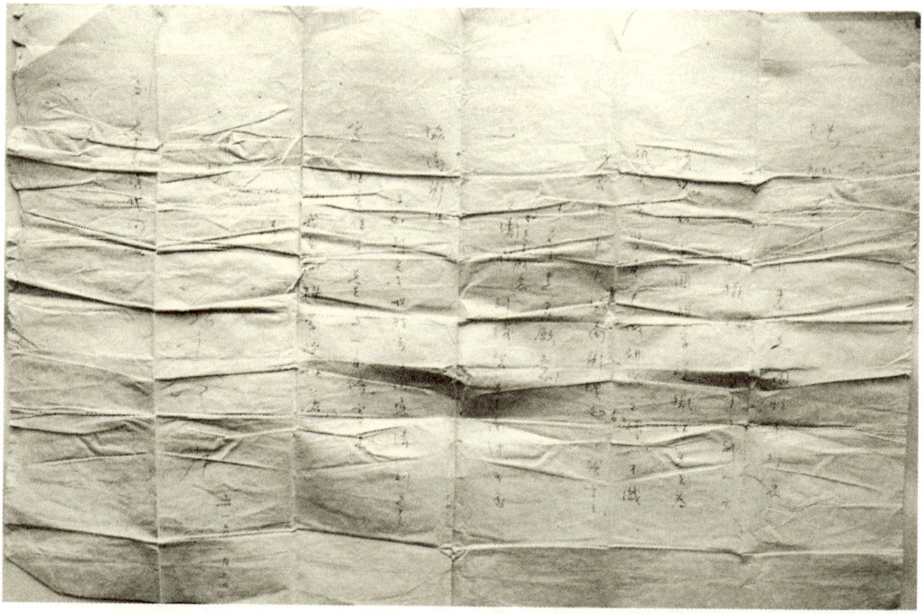

图 3-1　华罗庚于 1951 年 1 月 2 日写给陆启铿的信（资料来源：陆启铿提供）

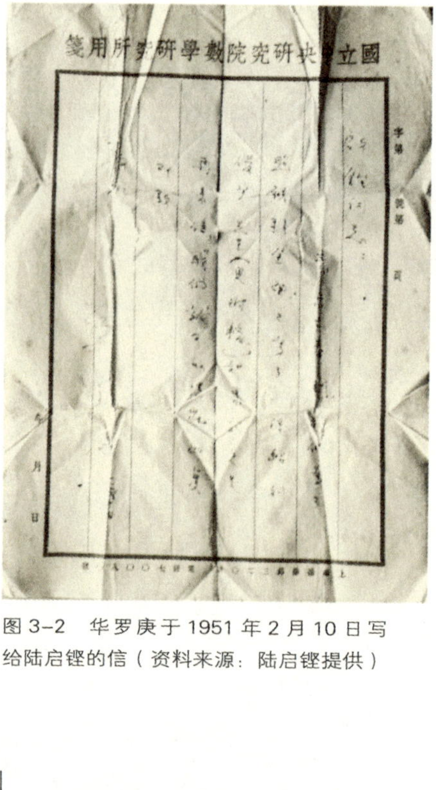

图 3-2　华罗庚于 1951 年 2 月 10 日写给陆启铿的信（资料来源：陆启铿提供）

1951 年 2 月 10 日华罗庚又寄出一封信给陆启铿，原文如下：

启铿同志：

来示已奉到，我们为了照顾到全面，已写了一信给刘俊贤先生（见附稿）。如果刘先生再来信，我们就可以提出。此复即致。

敬礼。

华罗庚

二月十日

数学所筹备处

1951 年 7 月，在华罗庚亲自协调下，陆启铿离开中山大学数学系调入中国科学院数学研究所筹备处。陆启铿怀着深深的眷恋，告别了生养他的广东，告别了曾倾心培养他并在其中学有初成的中山大学。在北京，迎接他的将是毕生的事业和追求。

数学所是中国科学院成立以后，最早规划的研究单位之一。新中国成立不久，年轻的共和国政府已经预见到科学技术将对建设新中国起到的重要作用，在科学界有识之士的积极配合下，1949 年 11 月 1 日中国科学院正式成立。作为国家最高科学领率机关，中科院被赋予了有计划地利用科学成就为工农业和国防建设服务，并组织和指导全国的科学研究的历史使命。从中国科学院的选址可以看出当时中央政府对其重视程度，最初的院部坐落在文津街 3 号，左邻北京图书馆，右邻北大（第一）医院。过了马路往南走，就是位于中南海的国务院北门。那时，科学院院部没有礼堂，开全院大会的时候，有时就借用中南海的怀仁堂开会。国务院北门的卫兵，看见科学院的人从院部过马路过来，也不查证件就放他们进国务院，很是宽松。院部办公楼是一座二层楼房，年代比较久远，外墙挂满了常春藤①。

中国科学院成立后，在各方面全力支持下，迅速凝聚了一批海内外优秀科学家，通过接收、整合原国民政府时期的中央研究院和北平研究院的机构，很快组建了第一批研究所，从而确立了科学院为全国科学中心的地位。

本着纯粹数学与应用数学协同发展的方针，中国科学院成立伊始，即着手在原中央研究院数学所的基础上重建中科院数学所。中央研究院数学所 1947 年 7 月成立于上海，并于 1948 年初移址南京，所长姜立夫，包括专任研究员 5 人（姜立夫、陈省身、陈建功、华罗庚、李华宗），兼任研

---

① 陆启铿：数学所六十年——一些个人的回忆。见：席南华，尚在久，孙笑涛编，《数学的乐园——庆祝中国科学院数学研究所成立 60 周年》。北京：科学出版社，2014 年，第 169-192 页。

图 3-3 中国科学院数学研究所筹备处（位于北京文津街 3 号。资料来源：中国科学院数学与系统科学研究院网站）

究员 6 人（苏步青、江泽涵、许宝騄、樊畿、段学复、周炜良），另有专任副研究员 2 人、助理研究员 10 人。该所的研究课题限于纯粹数学，涉及数论、抽象代数、级数论、微分几何、拓扑学和数理统计。1950 年 6 月 7 日，中国科学院呈文政务院文化教育委员会备案，正式成立数学所筹备处。筹备处由著名数学家苏步青任筹备处主任，周培源、江泽涵、华罗庚、许宝騄任筹备处副主任，姜立夫、陈建功、段学复、闵嗣鹤、钱伟长、张宗燧、常迴任筹备委员①。

数学所筹备处成立之际，正值华罗庚归国不久。华罗庚于 1946 年 9 月，在普林斯顿高等研究院访问，并于 1948 年被美国伊利诺依大学聘为正教授。欣闻新中国成立的消息，他毅然决定放弃在美国的优厚待遇，奔向祖国的怀抱。在归途中，他写了一封对海外留学生影响至深的一封公开信，信中说："为了抉择真理，我们应当回去；为了国家民族，我们应当回去；为了为人民服务，我们应当回去；就是为了个人出路，也应当早日回去，建立我们工作的基础，投身我国数学科学研究事业。为我们伟大祖国的建设和发展而奋斗。"面对政府和中国科学院赋予数学所的任务，即拓深基础理论研究、促进学科发展与服务于国家经济建设并重的要求，年

① 王扬宗、曹效业主编：《中国科学院院属单位简史》（第一卷 · 上册）。北京：科学出版社，2010 年，第 79–80 页。

富力强的华罗庚将担当起更多的发展中国数学的领导责任，这是当时中国数学界同仁们的众望所归。由于苏步青长期在杭州浙江大学，大约在 1950 年冬，华罗庚即已作为数学研究所筹备处的实际负责人在主持工作了。①

数学研究所筹备处，设在科学院院部办公楼二层的两个房间，其中一个是筹备处副主任华罗庚的办公室，另一个办公室有五个人，分别是筹备处秘书田方增、越民义、陆启铿，还有一位会计兼文书，一个工友兼收发。这时筹备处的成员还有万哲先②、曾肯成和王寿仁。万哲先住在清华大学，除了开会来，平日很少来办公室；曾肯成和王寿仁则去参加了“土改”运动。

到 1951 年秋，为了充实力量，一些稍年轻的大学生毕业分配到了数学所筹备处工作，他们是丁夏畦、邱佩璋、张里千、王光寅。这时办公室地方已经不够用，新来的人只能在宿舍办公。

1951 年底，中科院在清华大学校内新建一批建筑，数学所筹备处才有了自己独立的办公场所。办公楼是一座二层小洋楼，离清华大学的南门不远。一楼一进门是一间小传达室，再进去便是一个小食堂，有厨工和锅炉工自行生火供暖气，其他地方是行政办公室，会议室及有家属的人的办公室。单身的人都住在二层兼作办公室，两人一间。所长办公室设在二楼，此外还有一间教室和报纸小说阅览室。小楼的北面有三排家属宿舍平房，再后面是一座单独的平房，住着华罗庚一家。在万哲先的帮助下，陆启铿搬到清华大学一处叫“三六所”的宿舍与他同住，和华罗庚的住所很近。③

数学所筹备处从文津街迁到清华大学后，办公条件改善了，又陆陆续续的有一些新人来到了筹备处，开会的时候全体研究人员共有 18 人，分别是华罗庚、吴新谋、田方增、王寿仁、越民义、孙以丰、万哲先、曾肯成、陆启铿、丁夏畦、邱佩璋、王光寅、张里千、林鸿荪、庄逢甘、罗时

---

① 王元:《华罗庚》。北京：开明出版社，1994 年，第 165 页。

② 万哲先（1927），著名数学家，中科院院士，中国科学院系统科学研究所研究员，研究方向为典型群、矩阵几何、代数组合学、代数编码、有限几何及其应用。

③ 陆启铿：华罗庚对中国数学科学事业的贡献。《科学时报》，2010 年 9 月 28 日。

钧、胡海昌、郑哲敏。①

陆启铿在中山大学开始工作时工资是107.92斤小米，到科学院后折合人民币约40元一月。那时，清华大学的学生食堂每月的伙食费8元，陆启铿没有太多花销的地方，抽的烟一角多钱一包，也有余钱去购买过冬的衣物。那时的娱乐休闲活动极少，陆启铿偶尔会和同事在周末的晚上去清华大学看免费的电影，夏天就在露天空地放映，冬天则在大礼堂。夏天，如果一天的气温超过35℃，大家还可以放假去颐和园游泳，门票三分钱。

陆启铿常常到吴新谋家里串门，吴新谋待人真诚友善，陆启铿喜欢和他来往。逢到下班以后或者周日休息时，陆启铿还常蹬着三轮车带着吴新谋的较小的孩子和住在不远的清华大学教授黄万里的小女儿出去玩。说起这个脚踏三轮车，还有些特别，是陆启铿在1952年自己设计然后请工友庞保环去工厂订制。因为订制费很贵，需要400元，这在当时来说，可谓一笔巨额资金。陆启铿只得向数学所借了400元，按照现在还贷款的方式，每月还给所里20元，一年多的时间还清这笔钱，也是一则趣事。这辆三轮车也很结实，一直用了三十多年。

吴新谋（1910—1989），1934年到清华大学任助教，同时在熊庆来先生指点下研习微分方程论，与华罗庚师出同门。1937年以递补第一名考取中法教育基金委员会首届公费留学生，同年8月赴法。

在法国期间，吴新谋在开展数学研究的同时，积极参加了中国共产党领导的抗日爱国运动。早在1939年，他就担任中国共产党旅法支部主办的进步刊物《祖国抗日情报》的编辑。1945年吴新谋正式加入了中国共产党，曾任中共旅法支部委员和旅法侨联秘书长等职。新中国成立后，吴新谋于1951年毅然携全家回到阔别已久的祖国。回国后，吴新谋在中国科学院数学研究所筹备处任研究员，是数学所筹备处的第一位党员。②

五十年代初期，吴新谋便曾和彭桓武一起在北大开偏微分方程讲习班，推动微分方程方向的人才培养。1953年，他领导组建了数学所微分方

---

① 陆启铿：华罗庚对中国数学科学事业的贡献。《科学时报》，2010年9月28日。

② 李文林，陆柱家：新中国偏微分方程事业的奠基人——纪念吴新谋教授诞生100周年。《数学物理学报》，2010年，第30卷第5期，第1190-1193页。

程组。1956年，该组扩大为包括常微分方程和偏微分方程两大领域的微分方程研究室。在此后长达四分之一世纪的时间里，吴新谋一直是这个研究室的主任。他编写了我国第一本偏微分方程论教材，还主持全国性大型讲习班，为建设我国这一领域的研究队伍做出了重大贡献，是我国微分方程事业的创始人之一。①

师从华罗庚

陆启铿进入数学所筹备处后，正式成为华罗庚的入室弟子。无论是华罗庚造诣精深的学识，还是科学严谨的治学态度，都深刻地影响了他。

陆启铿最初的学术生涯是在华罗庚的指导和严格要求下开始的，陆启铿称之为“华氏训练”。

华罗庚知道陆启铿懂德文，就让他研读德国数学家福尔特（Rudolf Fueter，1880—1950）的《模函数论》（*Modular Function*），并向自己报告。每次报告的时候，陆启铿一个人在前面讲，华罗庚一个人在下面听。华罗庚的要求非常严格，只要陆启铿在报告时稍微出现一些错误，他就立刻指出，并不时突然问一些问题。陆启铿时常被吊在黑板上下不了台。也许，很多人受不了这种“华氏”训练法，但陆启铿却从中受益匪浅，深刻体会到了数学的严谨，开始掌握做数学研究的一些基本方法。陆启铿回忆说：“华先生要求我一个人站在上面讲，他一个人坐在下面听。然后一点一点地向我提出问题，追问为什么，给我挑毛病，直到解释满意为止。这样几次课下来，我不仅对所讲的内容加深了理解，而且华先生那种对证题过程严密要求，思考问题严谨深入的态度，更给了我终生难忘的影响。”

华罗庚的数学藏书大多整洁干净，可是陆启铿却发现自己读的这本《模函数论》很脏，里面有许多斑驳黄点。陆启铿不禁问起个中缘由。原

① 李文林，陆柱家：新中国偏微分方程事业的奠基人——纪念吴新谋教授诞生100周年。《数学物理学报》，2010年第30卷第5期，第1190-1193页。

来，华罗庚在昆明西南联合大学教书时，为躲避日本侵略军的飞机轰炸，天天躲入防空洞读书。一天，一枚炸弹在华罗庚身旁爆炸，他连人带书一起被掩埋在黄土中。幸亏当时段学复就在附近，赶忙把他挖了出来，但书却被黄土给玷污了。自己的老师在那种艰难的条件下还潜心做学问，这使陆启铿敬佩不已。他知道，历史上有古希腊学者阿基米德兵在其颈时，仍专心研究数学，有感于华罗庚对数学研究的执着精神，在心中竟把华罗庚与阿基米德相媲美。

图3-4 在华罗庚家中（约1970年。资料来源：陆启铿提供）

由于数学所平时的行政事务烦冗，而华罗庚又兼任许多社会工作，但是他的工作效率与实干精神是惊人的。他能利用一切空余的时间进行研究工作，如汽车上，会议休息期间，甚至在病榻上。陆启铿经常发现华罗庚把数学公式草草地写在烟盒包装纸背面的白纸上、会议文件的空白处或者是文艺演出节目单的空白处。晚上如果在家，他经常工作到深夜。①

华罗庚把学生当成平等的合作者，既有思路的点拨，也有共同探讨。遇有不解的问题，他不管对方资历如何，只要有利解决问题，他都会找来一起分析。在华罗庚身边工作过的人，无论是同事，还是他指导的学生，都进步神速，既受益于他严谨的思维方式，又在共同探索中锻炼了能力，极大树立了钻研科学的信心。陆启铿曾回忆："那时我年轻劲头大，华先生住在清华园，不管什么时候，只要他想到问题，就到我宿舍来敲门，和我讨论。华先生那种工作起来就什么都不顾的投入精神对我起了潜移默化

① 陆启铿：华罗庚对中国数学科学事业的贡献。《科学时报》，2010年9月28日。

的作用。”

在华罗庚的影响下，陆启铿刻苦钻研，夜以继日地学习，仔细演算书里的每一个公式，并经常进行思考、总结。华罗庚看到自己学生进步迅速，自己也很兴奋。在华罗庚的亲自指导下，陆启铿就福尔特《模函数论》的报告，完成第一篇论文“*t* 函数的富氏系数”。① 陆启铿凭借自己的努力，独立研究能力迅速提升，很快就开始与华罗庚合作完成课题研究。

数学所成立

在数学所筹备处时期，华罗庚向科学院提交了一份全面的工作报告，对中国数学领域的过去与现状做了详尽的分析，对未来数学所的奋斗目标、办所方针、研究方向、人才培养及学习先进（特别是学习苏联）等问题提出了系统意见。报告明确提出了“创造自主的数学研究”的战略目标，以及数学所的三大研究方向。三大研究方向是：（1）基础数学方面：“逐步地展开现代数学中所有的重要部分的研究工作”；（2）应用数学方面：“逐步增加直接用在工业上和适用于其他连带有关的科学部门中——物理和技术科学——的题目”；（3）计算数学方面：“这是重要的但空白的部门，必须发展，现在应该是积极准备的阶段”。这份报告成为数学所在今后几年内发展的指导性文件。②

1951 年，政务院第 69 次政务会议通过华罗庚为中国科学院数学研究所所长的任命。1952 年 7 月 1 日，中科院数学所正式宣告成立。

这期间，发生了一件对国家高等教育领域乃至整个科技领域影响深远的大事——1952 年的全国院系调整。调整的目的是打破旧有高等教育体

① 陆启铿：t 函数的富氏系数。《数学学报》，1954（4）：113-124。

② 王扬宗，曹效业主编：《中国科学院院属单位简史》（第一卷·上册）。北京：科学出版社，2010 年，第 79-80 页。

制，大力发展独立的工科院校以解决经济建设的人才急需，加强党的领导。调整之后综合性院校明显减少，高校丧失教学自主权，社会学、政治学等人文社科类专业被停止和取消，私立教育退出历史舞台，这形成了20世纪后半叶中国高等教育系统的基本格局。数学所在这次调整中，条件和实力得到某种程度的加强和扩充。清华大学数学系的丰富图书，大部分转给了中国科学院的数学所筹备处，数学所图书馆得以成立。

院系调整中，数学所还延揽了不少大学里的著名学者，这一方面是由于数学所的研究工作在全国数学界居于领军地位，更重要的是所长华罗庚开放的办所方针，他对人才的态度是兼容并蓄，无门户之别，而且眼光远大，不拘一格，善于吸收各方面人才，在当时执行了相当开放的政策，使数学所的科研队伍得以快速壮大。这个时期调入数学所的学者有：闵乃大，1944年在德国获得博士学位，1948年回国任清华大学电机系电讯网络研究室主任、教授，1952年，他带着助手王传英和李开德到数学所工作①；吴文俊，北京大学数学系教授；张素诚，浙江大学数学系教授；吴几康，丹麦无线电工厂开发工程师，1953年初回国；关肇直，中科院图书管理处处长。

同时，华罗庚还从各大学数学系挑选来优秀的毕业生，悉心进行培养。要求他们扩充视野、夯实基础知识，规定先学习一段时间的“三高”，即高等分析、高等代数、高等几何，完全仿照国外先进国家研究生的制度，培养了一大批后备研究人才。②

至1953年上半年，数学研究所共有科研人员32人，其中专任研究员5人（华罗庚、闵乃大、吴新谋、张素诚、吴文俊），副研究员5人（关肇直、田方增、王寿仁、庄逢甘、夏培肃），助理研究员6人（林鸿荪、孙以丰、越民义、冯康、万哲先、胡海昌），研究实习员11人（陆启铿、龚昇、胡和生、张里千、王光寅、邱佩璋、丁夏畦、许孔时、何善堉、孙和生、王元），合聘研究员5人（苏步青、陈建功、段学复、胡世华、张宗

① 陆启铿：华罗庚对中国数学科学事业的贡献。《科学时报》，2010年9月28日。

② 同①。

燧）。在这 32 人，后来当选为中国科学院院士的就有 17 人。[①]

在扩充人员、加强科研力量的基础上，数学所开始按研究领域和专业方向设立研究组。1953 年设立的基础数学研究组有：数论研究组（华罗庚负责），微分方程研究组（吴新谋负责），概率统计研究组（王寿仁负责），代数研究组（华罗庚负责）。[②] 应用科学研究组有：我国第一个计算机研究组（闵乃大、夏培肃、吴几康），后来在此基础上成立了中科院计算所；拓扑学研究组（吴文俊、张素诚、孙以丰），代表了当时中国这方面研究的最高水平；力学组（林鸿荪，庄逢甘，罗时钧，胡海昌，郑哲敏），主攻空气动力学，流体力学和弹性力学等，钱学森归国后，这个力学小组在 1955 年被重新整合，有的成为新建的力学研究所的骨干，有的调到了哈尔滨军事工程学院，他们对我国航天、航空、两弹一星等事业做出了巨大的贡献。林鸿荪是这个力学组的组长，后来到力学所后，曾担任过学术秘书等职，在“文化大革命”中因受不公正对待而自杀。罗时钧在哈尔滨军事工程学院也受到了不公待遇，“文化大革命”之后去美国定居。[③] 庄逢甘、郑哲敏、胡海昌于 1980 年当选为中科院学部委员。

当时，可以说是百科待兴，科研气氛十分浓厚，晚上办公室内依然灯火辉煌，人人用功。为了促进学术交流，数学所经常举办各种学术讨论班，1952 年下半年到 1953 年就相继开展了线性代数与群论讨论班、微分方程讨论班、数论讨论班（包括数论导引和哥德巴赫猜想两个讨论班）、泛函分析讨论班、拓扑讨论班、富里埃积分讨论班。这些活动为数学所日后的研究工作奠定了扎实的基础，参加者后来几乎都成长为相应专业的骨干和学术带头人。[④]

数学所还经常组织全所报告会，通常由华罗庚主持，除了华罗庚亲自

---

① 王扬宗，曹效业主编:《中国科学院院属单位简史》（第一卷 · 上册）。北京：科学出版社，2010 年，第 79 页。

② 同①。

③ 陆启铿：数学所六十年——一些个人的会议。见：席南华，尚在久，孙笑涛编:《数学的乐园——庆祝中国科学院数学研究所成立 60 周年》。北京：科学出版社，2014 年，第 169–192 页。

④ 王扬宗，曹效业主编:《中国科学院院属单位简史》（第一卷 · 上册）。北京：科学出版社，2010 年，第 79–80 页。

报告他最近的研究结果外，他还邀请冯康、吴文俊等人作系列的介绍国外最新成果的报告。冯康介绍广义函数，吴文俊介绍微分流形与大范围微分几何，这都是当时国际上最前沿的研究。有时也请外地的学者来做报告，如陈建功、杨宗盘、李国平教授等。数学所举办的各种讲座和报告让所里的年轻人受益良多。

吴文俊的系列报告让陆启铿收获颇丰。吴文俊在介绍当时世界上最新的数学进展信息的时候，不是简单地转述别人的结果，而是有自己的洞察的理解。报告深入而浅出，引人入胜。同时，他自己仍继续创新性的研究，密切关注国际上数学的最近发展，经常把这些成果拿出来和所里的同事们分享。陆启铿不仅从中学习到了现代微分几何的基本知识，还受到了吴文俊研究方法的影响。

在陆启铿的最初印象中，吴文俊是一位不太愿引人注意的学者，平时埋头自己的研究，很少主动和人攀谈，但是如果有人诚恳地向他请教数学问题，他都会热情、耐心地回答。那时，吴文俊还未成家，经常在数学所一层的小公共食堂吃饭，有时碰巧和陆启铿同一饭桌。① 由于研究多复变函数需要很多几何知识，当时陆启铿正在读《黎曼几何》，书中有不少概念没有给出详细的定义，读起来比较吃力，陆启铿常借此机会向他请教几何方面的问题，每次吴文俊都是用很平易的态度共同探讨。

吴文俊的系列报告是从最基本的微分流形的概念讲起，生动地说明微分流形是由一块块欧氏开集以某种形式拼凑起来的，并举出不少重要而具体的例子。他引证的 n 维投影空间如何由 $n+1$ 个坐标邻域拼凑起来的命题，引起陆启铿浓厚的兴趣。后来，陆启铿在定义典型流形时就效法了这种方法。

吴文俊还由浅入深地讲解了外微分形式的庞加莱（Poincaré）引理，最后讲到了德拉姆定理的证明。在讲德拉姆定理时，是从流形的破分（triangulation）谈起，用德拉姆的原始文章中的构造性方法来证明，这也使陆启铿得到不少新的概念。几年之后，大约在 1960 年左右，陆启铿参

① 陆启铿：吴文俊先生的学术思想对我的影响。未刊稿，年代不详。

加了关肇直、张恭庆的量子场论讨论班，当讨论适合麦克斯韦方程的电磁场张量为什么能用电磁势的微分来表达时，陆启铿马上就能说出是庞加莱引理的原因。听到别人的赞赏的时候，心里总是泛起对吴先生点点教益的感谢。

在数学中对命题："存在 x，使得命题 $F(x)$ 成立"的证明，有两种办法：构造性证明与存在性证明。构造性证明就是通过有限步的推导或计算，具体地找出（构造）这样的 x。存在性证明则是从逻辑上证明所述对象 x 确实存在，但 x 具体是多少，在哪里，并不一定知道。因此，构造性证明不仅要证明所述对象的存在，而且要具体地求出对象的位置或多少（大小）。而存在性证明则只需要证明该对象的存在即可。简言之，构造性证明相信"眼见为实"，而存在性证明只是证明了"没有被看到的"存在，是一种理性的承认。

吴文俊曾在很多场合都强调过数学的构造性方法的重要性，这点和华罗庚的观点十分相近。这种思想对陆启铿的数学研究影响是很大的，可以说陆启铿的大部分研究工作都是构造性的。比如，在 20 世纪 60 年代中期，吴新谋组织勒雷的柯西问题讨论班。陆启铿就用构造性方法，从勒雷的柯西－范塔皮公式中构造出了适当的循环与外微分式，推出包括华罗庚典型域在内的柯西公式。

意外的冲击

陆启铿初到数学所筹备处，身处全国一流的学术环境，面对众多国内著名的数学家和周围勤奋聪颖的同龄人，经常参加气氛热烈的学术讨论，充耳之间是最新的数学领域研究成果，让年轻的陆启铿备受鼓舞，如鱼得水地投入团队中去，人也变得活跃而热情。

陆启铿是在中山大学加入新民主主义青年团的，加之对新、旧社会的感同身受，他很自然的对共产党和党组织有一种天然的亲近感，对党的号召积极响应。来所不久，就参加了科学院邀请吴运铎来作报告的活动。吴运铎[①]是第一届残疾人大会的第一名“自强模范”，同样是身有残疾，他的报告自然引起陆启铿的共鸣。

到了1951年底，陆启铿迎来了第一场政治运动，在知识界开展的“思想改造运动”。数学所筹备处要求党团员带头参加运动，由于团员只有曾肯成、陆启铿、丁夏畦、邱佩璋四个人，不够成立一个支部，便成立了一个直属小组，直接由科学院团委领导，组长丁夏畦。但不久丁夏畦因肺病去了疗养院，陆启铿则被团委指定为组长。

“思想改造运动”，是中国科学院建院以来的第一次大规模的政治运动，重点是那些与过去的旧政府有渊源的著名科学家。像陆启铿这样的年轻人并没有受到冲击，但他的老师华罗庚就没那么幸运了。有海外求学背景的华罗庚不可避免地受到了严厉的审查，他需要在数学研究所筹备处与清华大学数学系的联合大会上屡次做检查，其间有人把从华罗庚家发现的一张蒋介石的相片上交了组织，上面有蒋介石的题字，这份蒋介石当年的馈赠成了华罗庚的“紧箍咒”，而一些人为了自保或者是有立功的表现，积极地对华罗庚口诛笔伐，一时人与人之间的冷暖尽在不言中。后来，在中央的干预下，华罗庚才侥幸过关。这件事陆启铿虽然置身事外，但也暗自心惊。

1955年，陆启铿被共青团中央推荐为“社会主义建设青年积极分子”，同时被提名作为数学所的代表，将出席当年举行的首届“全国青年社会主义建设积极分子大会”，俗称“群英会”。

可是，天有不测风云，人有旦夕祸福。突然间，一连串厄运莫名其妙的相继袭来：“群英会”代表的提名被撤销；接到通知要被调到天津去教中学，幸好在华罗庚的保护下，借口腿有残疾行动不便，未能成行；共青团支部委员的职务被撤销；1955年作为审查对象，被隔离斗争达半年之久；甚至，在数学所办公室的居住权也被取消了。

陆启铿始终不明白到底发生了什么。过了多年以后，直到“文化大革

① 吴运铎（1917–1991），湖北武汉人，兵工专家。战争年代，由于条件简陋，在生产与研制武器弹药中多次负伤，仍以顽强毅力战胜伤残，坚持战斗在生产第一线。

命”红卫兵来抄家时才知道个中原委。原来，在澳门中德中学时，曾以“蓝灰社”名义出版过《钢铁月刊》，宣传抗日救国，他做过编辑。陆启铿一向自认为这是一段光荣的历史，在入团时还特别对此做了汇报。但资助这个刊物的校长是国民党员，让他略觉不安。在提名为“群英会”代表的时候，陆启铿觉得应该把这件事向组织坦白，就主动告知了当时数学所的一位党员。这位党员向数学所领导汇报之后，立刻引起组织的警觉，在不通知本人的情况下，把他定成了“特嫌”，即有特务的嫌疑。从此几十年，只要有政治运动都会受到冲击，直到“文化大革命”还到处“外调”（到外单位调查），一直被控制使用。①

在一连串意外的打击之下，陆启铿的性格发生了变化，重新变得内向、寡言。政治上的厄运成全了陆启铿以后的科研活动，他感觉自己已经被编入了另册，但凡政治运动来临，总是远离漩涡中心，潜心做自己的学问。把“沉默是金”奉为处世原则，在动荡的年代倒成为一种自保手段，保证了陆启铿在后来的多次政治运动中免受伤筋动骨之痛。

在内心深处，陆启铿对共产党抱有感情，“文化大革命”结束，他的“特嫌”问题被证明纯属子虚乌有，1980 年光荣加入了中国共产党。

① 殷慰萍：中国多复变学科的创建。《中国数学会通讯》，2013 年第 1 期。

第四章
成果初现

中华人民共和国成立初期，在华罗庚等一大批数学家的努力下，数学领域研究取得长足进步，有了开拓性的发展，在数论、代数、几何、拓扑、函数论、概率论与数理统计、数学史等学科均继续取得新成果，此外，在微分方程、计算技术、运筹学、数理逻辑与数学基础等分支也有所突破，有许多论著达到世界先进水平，同时培养和成长起一大批优秀数学家。陆启铿在这个时期崭露头角。

数学所的黄金时代

从筹备处起到1958年“反右”之前，数学所呈现一片欣欣向荣的景象，科学地完成学科布局的同时，在科学研究和人才培养方面均取得了辉煌的成绩。

1956年，我国颁发首届国家自然科学奖。国家自然科学奖是为奖励在基础研究和应用基础研究中，阐明自然现象、特征和规律，做出重大科学发现的我国公民而设立的，是当时最高级别的国家级奖项。1957年1月25

日,《人民日报》以“奖励先进，鼓舞后起，齐向科学大进军：我国首次颁发科学奖金”为题公布了获奖名单，在全部三项一等奖中，数学所获得了两项：华罗庚的“典型域上的多元复变数函数论”，以奖励他开辟了一个重要研究领域的创造性贡献；吴文俊的“示性类与示嵌类的研究”，是奖励他在拓扑学领域的奠基性工作并有许多重要应用的发现。这是对数学所一个阶段以来学术成果的高度肯定，使得数学所在全国名声大震，同时，也让全所科研人员备感荣耀，激励他们去创造更多高水平的研究成果。

新中国成立之初，全国仅有三十多个科研机构，科研人员不足五万人，其中从事自然科学研究的更少。尽管通过第一个五年计划的实施，科研状况有所改善，但仍然无法满足新中国各项建设的需要。1955 年 1 月 31 日，为了尽快解决上述困境，周恩来、陈毅、李富春组织召开科学技术工

图 4-1 北京万寿山会议［第一排左起：庄圻泰（一）、陈建功（三）、熊庆来（四）；第二排左起：陆启铿（四）、闵嗣鹤（五）、程民德（六）、第三排左起：龚昇（三）］（1961 年。资料来源：陆启铿提供）

作人员会议，对全国的科技工作进行布局。3 月 14 日，国务院科学规划委员会成立，由周恩来亲自领导。1956 年，政府委托科学规划委员会制定了我国十二年科学技术发展远景规划（有苏联专家参加）。

根据该项规划数学所对未来工作重点做了相应调整：在保障数学各重要方向协调发展的同时，把重点放在微分方程、概率统计等与国民经济和国防建设关系密切的分支的发展上，同时设立了泛函分析、数理逻辑等研究组，以加强相应理论学科的研究。为此，数学所陆续迎来了更多数学、物理方面的专家。

1956 年 6 月，我国现代数学的开拓者之一，著名的数学家、教育家熊庆来 ①（1893—1969）在周恩来总理的亲切关怀下，从法国回国到数学所工作，数学所为此举办了隆重的欢迎会。在熊庆来的负责下，组织数学所研究复变函数的人员，包括闻讯赶来的进修教师谢晖春（福建师范大学），成立了函数论组，陆启铿也是其中成员。在物理和应用领域，数学所也根据科学技术远景规划做了相应的布局。张宗燧从北师大调到数学所，和张历宁、戴元本、朱重远等成立一个理论物理小组，二十多年后，后面这三个人成为新建的理论物理所的骨干力量。胡世华带着自己的学生成立了数理逻辑研究组。这个时期，力学组和计算机组则独立出去，另行组建了中科院力学研究所和计算技术研究所。

在数学所开放风气之下，学术交流活动十分频繁，这是数学所科研学术活动的重要组成部分。

在国际上，会经常邀请一些外国数学家来访问，有苏联专家 Bichatz，匈牙利专家厄多斯（P.Erdös，1913—1996）等人 ②，虽然还只限于社会主义国家，但已经带来不少国际数学界最新信息和研究进展。而且，数学所

① 熊庆来，字迪之，出生于云南省红河哈尼族彝族自治州弥勒市息宰村，是中国现代数学先驱，中国函数论的主要开拓者之一，以“熊氏无穷数”理论载入世界数学史册。陆启铿曾在熊庆来担任主任的函数论研究室长期工作。1956 年回国后，任数学所研究员、学术委员、函数论研究室主任。参见：张维：中国近代数学先驱熊庆来。《自然杂志》，2008 年第 30 卷第 1 期，第 58-62 页。

② 陆启铿：数学所六十年——一些个人的会议。见：席南华，尚在久，孙笑涛编，《数学的乐园——庆祝中国科学院数学研究所成立 60 周年》。北京：科学出版社，2014 年，第 169-192 页。

选派一些政治可靠的优秀年轻人去苏联学习，接受国外的先进经验，展开了最初的国际交流。

在国内，邀请许多名家到数学所做访问学者，如陈奕培、严士健、齐民友、董光昌、徐绍廉等。最多的时候，访问学者人数近百人，比数学所的研究人员还多。同行们之间的切磋交流，起到了很好的取长补短的作用。同时，各地高等院校纷纷派教师到数学所进修，其中不少人日后成为派遣单位的学术骨干和领导。其中就有厦门大学派来的钟同德，他是 1954 年派来学习多复变函数的一名助教，返校后在 1957 年开始在厦门大学数学系建立多元复分析研究组，成为我国多元复分析的三个研究中心之一。他在 1954 年曾和陆启铿得到了具 B–M 核的普利梅尔兹（Plemelj）公式，从此开创了 C^n 空间中多复变奇异积分与多维奇异积分方程的研究。

这期间，还发生了一件有关人才引进的轶事，就是陈景润调入数学所担任实习研究员，这件事颇有点戏剧性，充分体现华罗庚伯乐慧眼识马、对人才不拘一格的行事风格，陆启铿有幸也参与其间，还起了小小的作用。1953 年，陈景润大学毕业后被分配到北京四中教书，由于不善教学，他被该中学退回给厦门大学。这是厦门大学毕业生分配工作中从未发生过的事情。厦大只好安排他在数学系图书馆做登记出纳工作，这反而给了陈景润整天钻研华罗庚的《堆垒素数论》的机会。陈景润逐页仔细阅读这本书，不论在图书馆、食堂、厕所都忘不了演算书中的习题。终于，他发现并解决了书中的一个难题，于是写出来寄给华罗庚。

陈景润的文章简而精，绝对不会把一篇文章分成几篇来写，但他的文章过于简洁，要费很多时间去验算，所以许多人都不愿意审查他的文章。华罗庚历来对有志从事数学研究的青年人视为同行，从不计较他们的出身，只要是探讨数学问题的函件，每每都会拨冗亲自审读。看过陈景润的文章后，华罗庚慧眼识英雄，对他的这篇文章大为欣赏。当时，华罗庚是中国数学会的理事长。他随即请陈景润以特邀代表身份参加数学会举办的一个学术会议。

1956 年 8 月，华罗庚在北京见到陈景润后，建议数学所办公室主任与厦门大学商调陈景润到数学所工作。不料，厦门大学了解情况后，意识到他的才华，回函说厦门大学非常需要陈景润，他的工作不可代替。于是，陈景润被升为助教，做数学系张鸣镛教授的助手。调动的事情暂时搁浅。然而，陈景润的教学进展得并不顺利，学生反映说听不懂他的辅导，系主任方德植无奈之下，又把他调回图书馆。

1957 年，陆启铿受邀参加一个厦门大学为校庆而举办的学术讨论会。那时，从北京去厦门的交通很不方便，于是陆启铿就交通问题咨询正在数学所进修的厦大讲师陈奕培，也是因此从陈奕培那里解到陈景润的这些情况。

当时，厦门大学校长是王亚南，他是中国第一个翻译《资本论》的人，与华罗庚相识。他听说华罗庚的学生陆启铿到了厦大，专程到他的住处看望。接着，系主任方德植找陆启铿谈话，请他回去转告数学所的领导，现在厦门大学愿意把陈景润调到中国科学院数学研究所了。

由于华罗庚并没有和陆启铿谈过有关陈景润的事情，也没有委托他去厦门大学把陈景润调来数学所。所以陆启铿回到北京后，就将方德植的意见转达给了科学院办公厅主任郑之辅。随后，1957 年 10 月，陈景润被调到了数学所。①

丰富多彩的学术交流活动将数学所的影响传播到全国，使数学所在国内数学界起到了示范作用。

典　型　域

华罗庚对典型域②的研究，始于 1940 年代抗战时期的昆明西南联合大学，最初的研究是证明典型域的基本几何性质，把单复变数的自守函

---

① 王丹红：陆启铿院士忆述陈景润是怎么调到数学研究所的。《科学时报》，2006 年 6 月 2 日。

② 典型域，美国数学家嘉当（E. Cartan）在 1935 年证明：不可约、齐性有界对称域只有六类。其中二类是例外域，分别为 16 维及 27 维空间。其余四类称为典型域，典型域是多复变数函数论中最重要的几何概念。

数理论推广到多元复变函数的工作。从这时起，华罗庚开始关注多复变函数论。

尽管当时条件非常艰苦，华罗庚还是完成了文章“矩阵变数的自守函数论”，发表于 1944 年的美国《数学年刊》。这期间，在大洋彼岸的西格尔（C. L. Siegel）也在进行把单复变数的自守函数理论推广到多复变数的工作，并在 1943 年，在同一期刊发表了文章“辛几何”。两者基本同期完成了在典型域上的突破。

战后，华罗庚在美国访学期间，继续从事多复变函数的研究。他的文章“多复变函数的自守函数”发表在 1946 年美国《数学年刊》上，这是一部多复变函数的经典著作，成为研究自守函数的学者必引之作，同时，华罗庚在文章中引进了一个微分度量，被称为“华罗庚度量”。

1950 年，华罗庚回到国内以后，凭借敏锐的科学直觉，预测出未来在工程与物理领域的应用前景，开始把大量精力投入到多复变函数论的研究上。

为了解决多复变数在典型域上的调和分析，华罗庚用矩阵技巧和群表示论的方法给出了典型域上的完备标准正交函数系，提出伯格曼核（Bergman）、柯西核（Cauchy）和泊松核（Poisson）的显表达式，完成典型域上的一些积分计算。这个成果华罗庚以“典型域上的多元复变函数论”命名，于 1956 年获得第一届国家自然科学奖一等奖，并总结在他的经典著作《多复变函数论中的典型域的调和分析》一书中，该书于 1958 年由科学出版社在北京出版。

新中国成立初期，国内多复变函数论的研究还是一片空白，数学界很少有人涉足这个崭新的领域。华罗庚认为一个学科的建设，离不开一支高素质、肯钻研的研究队伍，尽快培养人才，形成高素质的研究团队，是当下学科建设的首要任务。

在中科院数学所筹备期间，华罗庚发现陆启铿的大学毕业论文是“模函数”，有比较好的基础，便亲自把陆启铿从中山大学调到北京，把他的研究方向确定为多复变函数论，陆启铿也成为华罗庚在国内第一个得到亲传的多复变方向的学生。在华罗庚亲自指导下，陆启铿在数学方面的潜质得以发挥，完成了坚实的多复变基础训练，开始了卡勒几何（Kaehler Geometry）、伯格曼核函数（Bergman Kernel Function）的研究。

1952至1953年间，陆启铿参加了在北京大学举办的多复变讨论班，讨论华罗庚从莫斯科带回来的，1948年出版的福克斯（B. A. Fuks）的《多复变解析函数论》（俄文）。大约有10个人参加了这个讨论班，其中包括程民德、庄圻泰、闵嗣鹤、许宝騄等著名的中国数学家。

陆启铿从这本书以及华罗庚构造典型域的完备标准正交系的工作中，对伯格曼度量和伯格曼核函数的研究方向发生了浓厚的兴趣，开始把多复变函数自己的主要的专攻方向。

华罗庚深感国际上对卡勒几何（Kähler Geometry）及伯格曼度量的重视，便建议陆启铿用矩阵方法对卡勒几何作一综合报告。陆启铿虽然知道韦伊（André Weil，1906—1998）于1950年用法文出版了一本《卡勒几何》，但当时国内无从获得，而且国内没有专门讨论卡勒几何的资料。为了完成华罗庚交代的任务，陆启铿只好大量阅读零星涉及卡勒几何的文献，尤其苏联数学界的俄文资料，终于完成了“多复变函数与酉几何”讲义（1956年发表在《数学进展》上）。酉几何就是现在所谓的厄米特（Hermitian）几何，但当时主要是讨论卡勒几何，特别是伯格曼度量下的几何。首次探讨了用伯格曼核函数构造正交系，计算出各种典型域的测地线等问题。

到了1954年，龚昇从复旦大学调到数学所，钟同德也从厦门大学来到数学所进修，他们两人均被华罗庚收为门下。由于华罗庚公务繁忙，便委托陆启铿组织龚昇、钟同德三人在一起学习多复变的基础知识。1954—1955年，在华罗庚的指示下，陆启铿组织讨论班，采用他编写的讲义“多复变函数与酉几何”，由龚昇、钟同德等人轮流报告，北京大学的陈杰、董怀允也参加了。[①] 这是数学所组织的第一个多复变函数专题讨论班，国内对多复变函数的研究开始向深入发展。

1954年，陆启铿升任助理研究员，他的独立研究能力得到认可。

① 殷慰萍：中国多复变学科的创建。《中国数学会通讯》，2013年第1期，第14–19页。

数学所每年都有高等学校分配来的优秀毕业生，进修教师也日益增多，规模扩张很快，清华园二层的办公楼已不够用。于是，1956年数学所搬到了西苑大旅社（西苑饭店原址）一幢三层的大楼。这是科学院租用的三幢大楼中的一座，其他两座大楼，一座是电子研究所，一座是计算机技术研究所筹备处。每幢楼每年的租金20万，在当时是天文数字。不过这个时期政府对科学技术的发展高度重视，虽然国家尚不宽裕，仍不惜重金来改善科研条件。

图 4-2　陆启铿在西苑大旅社（1956 年。资料来源：陆启铿提供）

西苑大旅社的建设本来是为了接待外地来北京参观苏联展览会（现北京展览馆）的观众住宿用的，十分靠近西郊动物园（现北京动物园），晚上夜深人静的时候，还可以听见动物园中狼的嚎叫声。旅社里面的设备十分齐备，睡的是弹簧床，工作桌上有台灯，屋里有一个沙发，每天还有服务人员来打扫房间。伙食也格外好，在旅社的餐厅吃饭，鸡鸭鱼肉汤，样样都有，伙食费每天每人只有一元钱，由研究所补助。由于生活条件差别悬殊，引起了其他高等学校和科学院单位异议，几个月后才自办了食堂。附近也有许多餐厅，如苏联展览馆旁边的莫斯科餐厅，花1元2角就可吃到一顿美味的苏式套餐。

物质生活水平的提高，给数学所的科研人员的工作创造了很好的条件。所里各式各样的讨论班很多，每个人可以自由去选择参加自己有兴趣的讨论班，这有点像美国普林斯顿高等研究所的情况。虽然所里对研究人员没有施加任何工作压力，但在浓厚的学术气氛下，人人力争上游，晚上各个房间都灯火通明，大多数人都工作到深夜。

这是一次临时搬迁，到1958年，中关村的计算所大楼建成，数学所第三次搬家，与计算所共享一座大楼。这时“反右”运动已经开始，数学所已经今非昔比，在五层大楼中只占一层半。

西苑大旅社时期，数学所年轻的一代，开始展示出他们的优秀科研能力，他们发表的论文受到国际上的关注，得到了国际同行的认可。陆启铿是他们中的佼佼者，陆续发表多篇论文。

1954年，李国平① 应邀来数学所作报告，讲述单复变函数的普列瓦洛夫（Privalov）定理，陆启铿随即将这个定理推广到多复变函数。

陆启铿认为用美国人波切内尔（S. Bochner，1899—1982）的柯西公式可以把普列瓦洛夫定理推广到多复变函数。他与一起听报告的钟同德合作完成了论文“普列瓦洛夫定理的推广”，建立了波切内尔—马蒂内利（Bochner-Martinelli）积分的边值公式。

设 D 是 C^n 中的有界域，其边界 ∂D 归属于 C^2，$\phi(u)$ 是定义于 ∂D 满足 Hölder 条件的函数，则柯西型积分 $\Phi(z)=\int_{\partial D}\varphi(u)B(z,u)$ 的边界主值（V. P.）存在，而且若 $v\in\partial D$，则：

$$\Phi^{+}(v):=\lim_{\substack{z\to v\\ z\in D}}\Phi(z)=\mathrm{V.P.}\int_{\partial D}\varphi(u)B(z,u)+\frac{1}{2}\varphi(v)$$

$$\Phi^{-}(v):=\lim_{\substack{z\to v\\ z\in C^{n}\setminus\overline{D}}}\Phi(z)=\mathrm{V.P.}\int_{\partial D}\varphi(u)B(z,u)-\frac{1}{2}\varphi(v)$$

此处 $B(z,u)$ 为波切内尔 - 马蒂内利核。

李国平与苏联加霍夫（Gohov）学派认为这是创新工作，给予了较高的评价。这篇文章在 1957 年发表，可惜当时未能翻成外文在国际数学界交流，致使这一工作未能得到普遍承认。18 年后，哈维（R. Harvey）与劳逊（H. B. Lawson）重新发现了此公式并称之为普利梅尔兹公式。在苏联《数学百科全书》中有这个具 B-M 核的普利梅尔兹公式。这公式能应用于

① 李国平（1910–1996），广东丰顺县人，数学家、教育家、诗人。1933 年毕业于中山大学。1955 年当选为中国科学院数学物理学部委员（院士）。曾任中国科学院武汉数学与物理研究所所长、国家计算机领导小组副组长、国家科学技术委员会数学学科组成员等职。李国平长期从事函数论研究，学术研究涉及半纯函数的值分布理论、准解析函数论、微分方程与差分方程、数学物理等学科领域。新中国成立初期，参与《十二年科学技术发展规划》的制定，数次赴中科院数学所访问、讲学。

CR- 流形，具有典型性。特别在中国，得到各种形式的推广与应用。[①]

通过华罗庚和陆启铿做出的大量的开拓性工作，多复变函数论学科在中国开始起步。华罗庚作为学术引领者，把许多具体研究工作交由陆启铿、龚昇和钟同德三人完成。此时国内多复变函数论领域研究的基本队伍只有寥寥数人。

教学相长

1959 年，北京大学的程民德教授[②]（时任北大数学分析与函数论教研室主任）在和华罗庚的交谈中，认为中国数学家中搞多复变函数论的人太少，而这个领域又很重要，提出要在北京大学为数学系四年级学生开设多复变函数论专门化课程，以培养多复变的研究人才。

程民德的建议得到华罗庚的赞同。这时陆启铿在多复变函数论领域已经崭露头角，又有在数学所开设讨论班的经验，于是华罗庚便派陆启铿去北大授课，承担起普及多复变函数论基础，培养相关人才的任务。这样，1959 年秋，北京大学多复变函数论专门化得以正式开班。

当时，北京大学实行六年制，数学系学生前三年读的都是公共的课程，到了四年级，分专门化学习专业课。每年情况稍有不同，分的专门化并不完全是固定的，整个流程与现在三年制的硕士研究生培养完全一样，有的课程内容比较专业，甚至比现在一些硕士课程还要深入。

1959 年北大数学系分的专门化有五个：函数论专门化（分为多复变函数论、单复变函数论及实变函数论，后来实变函数论被撤销），概率论和数理统计专门化，微分方程专门化（分为偏微分方程和常微分方程两个方向），几何和拓扑专门化（主要是学习拓扑学，由专攻拓扑学的江泽涵、

① 殷慰萍：著名数学家陆启铿学部委员——庆贺陆启铿教授 65 寿辰。《数学季刊》，1992 年第 7 卷第 3 期，第 1-8 页。

② 程民德（1917-1998），江苏苏州人，数学家，数学教育家。北京大学教授，长期从事多元调和分析、多元三角逼近论的研究，并在中国倡导开展模式识别、图像处理的研究。

廖山涛指导），控制论专门化（后来调整成了数理逻辑专门化）。

在进入到各个专门化学习之前，学生先填报个人志愿，然后由教师来分配。那时候学习苏联，分析的课程分量比较重。在这种影响下，由于函数论理论性比较强，因此函数论专门化吸引了很多成绩好的学生。而且前来授课的陆启铿是华罗庚的学生，目的是为了在北大培养多复变函数论的研究人才。为了今后能有机会进入数学所、投身大师门下，很多学生愿意继续学习多复变函数论。杨乐和钟家庆都是这种情况，但是当时主要决定学生去向的一位函数论教师有点门户之见，希望把成绩好的学生留在北大，所以把他们都分配学习单复变函数论。到了1959年底、1960年初，政治空气开始收紧，系里认为多复变函数论组政治力量比较弱，于是把钟家庆调到了多复变组当组长。学生10人，到1962年7月结束，共三年。

陆启铿负责组织多复变函数论专门化的教学，并亲自授课两门，一门是“多复变函数论引论”，另一门是“典型流形与典型域”，后来这两门课的讲义被公开发表，前者系统介绍多复变函数领域的研究方向，后者则是陆启铿本人研究工作的总结，主要介绍典型域上的调和函数论和扩充空间的理论。陆启铿开设的“多复变函数论引论”，是单复变和多复变的同学都需要听的。其他课还有：庄圻泰开的“保角变换”，讲几何函数论前面的内容，用的教材是苏联的戈卢津（Г. М. Голузин）的《复变函数的几何理论》。闵嗣鹤开过“广义解析函数论”。另外还组织了讨论班，讲边值问题，实际就是奇异积分方程和边值问题①。

1960年，“大跃进”运动的浮夸、虚假、一哄而上的风气从工业、农业开始影响到科学技术领域。当时北大强调“函数为纲”，提出了“打倒欧家店，火烧柯西楼”的口号，彻底否定欧几里得几何和柯西数学。多复变函数论对柯西公式有引用，因而也被波及。学生们质问陆启铿，多复变是如何产生的。陆启铿解释，最初是由推广单复变数的一些结果产生的。学生们又问，多复变有什么实际应用。他老实回答，到目前为止还不知道。学生们说，毛主席教导我们说，真正的理论是从实际中来，又可以反

① 李文林，程钊，杨静：中国数学百年随想——杨乐院士访谈。《数学与人文》，2014年第12辑，第8-27页。

过来指导实际，多复变是凭空推理出来的，违反了毛主席对理论的论述，它不是科学的理论。换句话说，是伪科学！这种情形下，教了一年的课只能停止。

图 4-3 陆启铿在去北京大学授课途中（1959—1962 年。资料来源：陆启铿提供）

直到 1961 年，国家科学技术委员会主任聂荣臻元帅在一次报告中指出当时的科学研究政策存在一些失误，例如，说多复变函数论是“伪科学”就是不正确的。政策的改变转变了一些人的意识，北大派人向华罗庚道歉，并请陆启铿回去继续讲多复变函数论。陆启铿面对学生诚恳的态度，不忍拒绝，又回到了课堂。

那时处于困难时期，每人每月只定量供应二十几斤粮食，二两猪肉，半斤食油，果腹都成问题。陆启铿每次都是骑着三轮车来到北大，撑着双拐讲课，体力消耗很大，经常是还未讲完课就已经大汗淋漓，但陆启铿还是支撑着把这门课讲完。

到了 1962 年这批学生开始写毕业论文，陆启铿给了他们一批题目，有的是综述性的，有的是求证还没有解决的相对简单的问题。在陆启铿指导下，全班十个学生都完成了自己选定的题目，顺利毕业，他们是钟家庆[①]、殷慰萍、陈志华、孙继广、文涛、石赫、王大明、陈志鹤、曾宪立、王惠民。其中有两篇论文非常出色，一篇是钟家庆与殷慰萍合作的“斜对称双曲空间的解析自同胚最大群”，解决了一德国数学家提出的问题，陆启铿把它推荐给《北京大学学报》，发表在 1962 年第 3 期。另一篇是王大

① 钟家庆（1937-1987），安徽芜湖人。数学家，中科院数学所研究员、博导。致力于多复变函数与微分几何的研究，对于紧黎曼流形、拉普拉斯算子第一特征值，获得其所在最佳估计。与美国数学家莫毅明教授合作，证明了非负全纯双截曲率的紧凯勒——爱因斯坦流形必等度于紧的厄尔密对称空间，受到国内外数学界的高度评价。1987 年 2 月，以最高评分荣获首届“陈省身数学奖”。

明写的“典型域的卡拉西奥多里度量表示”。王大明是华侨，毕业后回香港，改行当了一家公司的经理。

通过在北大开设专门化课程，陆启铿为国内多复变函数论领域培养出了一批研究人才，他们之中很多人成为这个领域研究的中坚力量。其中，钟家庆的成就尤为突出，只是因劳累过度，不幸英年早逝，令人不胜唏嘘。

多复变函数论学科的创建

华罗庚是中国多复变研究的开拓者。他在深耕多复变函数论领域，凭借惊人的数学天赋创造出巨大成就的同时，还倾心于学科建设，在一片空白的基础上，草创了中国多复变函数论学科。

华罗庚在承担繁重的科研任务的同时，又要担负国家科学研究活动的大量组织、领导责任。除了担任数学所所长外，兼任计算机研究所筹备主任，还要担任人大常委，参与制订十二年数学远景规划等大量的社会工作和政府任务。百忙之余，华罗庚并没有放松对学生的培养。

到 20 世纪 50 年代后期，随着学生们在学术上的成熟，出于欣赏自己学生勤奋的治学态度，同时也是对他们数学才能的信任，他开始与陆启铿、万哲先等人合作进行研究，通常由华罗庚提出设想，经过大家讨论后，由学生们完成后面的具体内容，师生间合作得自然、默契，发表了大量的专著和文章。

多复变函数论是数学中研究多个复变量的全纯函数的性质和结构的分支学科，又称多复分析。复变函数是研究复变数的函数的理论，也称单复变函数论。当这种理论被广泛应用于数学的各个分支后，人们自然想把复分析推广到任何多个自变量，以及任何多个因变量的复向量值函数上，这样就产生了多复变函数论。由于多复变全纯函数的性质，在很大程度上由定义区域的几何和拓扑性质所制约，因此在多复变函数的研究中广泛使用了微分几何学、代数几何、李群、拓扑学、微分方程等相邻学科中的概念和方法。多复变函数论是极为活跃而且引人注目的近代数学领域之一，并在量子场论、规范场和微分拓扑等数学物理研究领域发挥了重要作用。

多复变函数论的研究，是19世纪末和20世纪初由H.庞加莱、P.库辛、F. M. 哈托格斯等人创立的，他们的研究工作揭示了多复变全纯函数本质上的独特性。从20世纪30年代开始，多复变的研究迎来了初步繁荣。这一时期中陆续出现了H.嘉当关于全纯自同构的唯一性定理、有界域全纯自同构群的李群性质，以及全纯域与全纯凸的等价性的嘉当–苏伦定理等突出成果。20世纪50年代以后，在多复变函数论中用拓扑方法和几何方法研究全纯函数的整体性质的趋势变得越来越明显，由J.勒雷引进拓扑学的层及其上同调的概念被迅速而成功地用于多复变。在1913年，H.外尔的黎曼曲面理论导致了复流形概念的建立，使近代微分几何与复分析不断加快相互融合的步伐。在1935至1950年间，C. L. 西格尔建立多复变函数的自守函数论以后，进入多复变函数论发展的黄金时代，通过众多数学家的工作，揭示了它与代数数论、李群的无穷维表示、代数几何等众多学科的内在联系，同时大大发展了复空间的理论。在中国，华罗庚是公认的多复变函数论研究的开拓者。

1958年，中国科技大学在北京成立，龚昇[①]调到中国科大协助华罗庚筹办数学系，并与史济怀[②]开创了中国科大数学系的复分析方向。钟同德[③]也在1957年回到厦门大学，在数学系建立了多元复分析研究组。陆启铿则继续留在数学所，先后指导了陆汝钤、许以超等人从事多复变函数论的研究，并在1959年，受华罗庚委托，在北京大学开设多复变函数论

① 龚昇（1930–2011），江苏川沙人，毕业于交通大学数学系，中国科技大学教授，曾担任中国科大副校长。主要从事多复变函数论、调和函数、复分析的研究，在多个与单个复变函数论方面及调和分析方面都做出过突出贡献，是中国群上调和分析的奠基人，他建立了完整的酉群上的调和分析，并开创了多复变函数几何函数论和多复变数奇异积分的研究。

② 史济怀（1935– ），上海人，毕业于复旦大学数学系，数学家。中国科学技术大学教授，曾担任中国科技大学副校长和研究生院院长等职务。是我国最早从事“多复变函数空间理论”方向研究工作并在国内外产生了广泛学术影响的学者。

③ 钟同德（1928– ），福建武平人，毕业于厦门大学数理系，数学家。厦门大学教授，博士生导师。1957年他与陆启铿得到了具B–M核的普利梅尔兹（Plemelj）公式，此项重要成果已被写入《数学百科全书》，从此开创了 C^{3n} 空间中多复变奇异积分与多维奇异积分方程的研究。

图 4-4　陆启铿（左）和钟同德（右）在厦门（1962 年。资料来源：陆启铿提供）

专门化班，亲自教授“多复变数函数论引论”和“典型流形与典型域”两门课。自此，国内多复变函数论学科形成了数学所、中国科技大学、厦门大学三个研究中心，学科的研究得以发展和壮大。

多复变函数论学科在国内完成创建后，国内形成了一支包括陆启铿在内的研究多复变的基本学术队伍，在华罗庚的带领下，取得一系列重要成果，在国际数学界产生深远影响。当时，中国在多复变领域的研究被认为“领先西方十年”，成为新中国成立后数学领域研究的亮点之一。

1953 年，华罗庚用群表示论方法得出了四类典型域的完整正交系，从而得到了四类典型域的 Cauchy-Szego 核、Bergman 核及 Poisson 核的显表达式以及典型域上的一些积分计算。华罗庚的这一系列成果，以“典型域上的多元复变函数论”为项目名称，在 1956 年获得第一届国家自然科学奖一等奖，并总结在他的经典著作《多复变数函数论中的典型域的调和分析》一书中。华罗庚用群表示理论具体构造了典型域上的绝对值平方，可积全纯函数的一组完备正交归一函数系。他把两个奇妙的代数恒等式引入群表示，同时，以惊人的技巧采用矩阵积分计算出正交归一化所需的常数。这些技巧后来被理论物理学家广为应用，而矩阵极坐标对于对称空间的几何研究也十分有用。

1958 至 1959 年间，华罗庚与陆启铿建立起了典型域上的调和函数理论，两人合作完成了文章“典型域上的调和函数论”，发表在《数学学报》上。这项研究通过解决调和函数的狄利克雷（Dirichlet）问题，发现了一组具有与调和算子类似性质的微分算子，国际上称之为“华氏算子”，由于一些典型群可以看作典型域的特征流形，他们从多复变数及群表示论出发，证明了：酉群上的傅里叶（Fourier）级数可以阿贝尔（Abel）求和，这是典型群上调和分析的开始，由此出发已建立起整套的典型群及紧致李群的调和分析。①

1956 年，陆启铿发表“多复变数函数与酉几何”，这是为多复变函数论专门讨论班编写的教材。1957 年，陆启铿、钟同德发表文章“Привалов 定理的拓广”，给出了 Bochner-Martinelli 积分的 Plemelj 公式。1957 年，龚昇发表文章“多复变函数 Einstein 空间的 Schwarz 引理”。1957 年，龚昇发表文章“多连通区域上的 Bloch 常数”。

1957 至 1958 年，陆启铿发表一系列文章中证明了“Bergman 度量下的 Schwarz 引理”，现在国际上称为“陆启铿引理”，并推导出“陆启铿常数”。

五十年代后期，龚昇完成应用群表示论对典型群的调和分析进行深入研究，后来这一成果总结成专著《典型群的调和分析》，此项成果 1989 年获国家自然科学三等奖。

1961 年，陆启铿、许以超发表文章“关于可递域的一个注记”，对“有界齐性域的曲率是非正”的华罗庚猜想给出了反例，其后许以超在有界齐性域的分类上做出了贡献。

1961 年 8 月 27 日，在天津召开了全国现代物理学中数学问题会议，卢文、张宗燧、关肇直、段学复、戴元本、万哲先、田方增、陆启铿等人参加了此次会议。在这次会议上，作为一个专题探讨了多复变函数论在现

① 龚昇：华罗庚教授在多复变函数论上的贡献。《数学进展》，1986 年第 15 卷第 3 期。

图 4-5 全国现代物理学中数学问题会议［第一排左起：张宗燧（四）、关肇直（五）、卢文（六）、段学复（八）；第二排左起：陆启铿（二）、戴元本（三）、万哲先（八）、田方增（九）］（1961 年于天津。资料来源：陆启铿提供）

代物理上的应用。

1964 年，陆启铿、陆汝钤发表文章“On the harmonic functions on a class of non-symmetric transitive domains”，证明对称齐性域的 Laplace-Beltrami 算子能零化其 Poisson 核在非对称齐性域上不成立。

1964 年 9 月 11 日函数论学术讨论会在上海召开，熊庆来、华罗庚、

图 4-6 函数论学术讨论会［第一排左起：龚昇（二）、陆启铿（四）、闵嗣鹤（八）、庄圻泰（九）、华罗庚（十）、熊庆来（十一）］（1964 年 9 月于上海。资料来源：陆启铿提供）

庄圻泰、闵嗣鹤、陆启铿、龚昇等人参加了此次会议。在这次会议上，对多复变函数论学科当前的研究成果进行了总结，并对未来的发展方向做了展望。

1966 年，陆启铿发表文章“关于常曲率的 Kähler 流形”，证明了常曲率的完备界域解析等价于单位超球，并提出一个猜想，即有界域的核函数作为两点的函数是否有零点，在国际上被称为“陆启铿猜想”，而称核函数没有零点的域为“陆启铿域”。

六十年代，龚昇转向多复变数奇异积分的研究，发展了一套与国外同类研究迥然不同的新的研究方法，这项成果总结成专著《多复变数的奇异积分》，此成果于 1996 年获中科院自然科学奖一等奖。

1958 年，陆启铿完成了——“十年来的中国多复变研究（1949 — 1959）”发表在《中国科学》上，曾被美国数学会的 *Notices* 转载，中国多复变函数论初创时期的成果已经得到国际公认。在这其中，陆启铿做出了重要贡献。

呼吁关注多复变函数论

1959 年，陆启铿在第 7 期《科学通报》上的“科学研究方向的讨论”栏目中发表了“希望有较多的数学工作者研究多复变函数论”一文，文中表达了陆启铿对自己研究方向的关注和热爱。他介绍了多复变函数论的研究内容、现状、发展趋势和应用前景，呼吁年轻的数学工作者投身到多复变研究队伍中。通过这篇文章，可以了解那个时代对多复变函数论的认识。

本文是希望引起较多的同志，特别是年轻的数学工作者，对这门学科的注意而作的。

多复变数函数论是一个有相当历史的，同时也是非常年轻的学科。说它有相当历史，因为历史上研究单复变数函数论的著名数学家，差不多都同时研究过多复变数函数；说它非常年轻，因为它一直发展的非常缓慢，直到二十世纪三十年代才有较多的数学工作者研究它，到五十年代才显示出它的丰富多彩的生命力与远大发展的前途。原因是多复变数函数论研究的问题是比较复杂困难的，只有在其他近代的数学（如代数、拓扑、泛函等）已发展有了一定的基础上，这些简题才有着手研究的可能。

多复变数函数是研究什么的呢？顾名思义，是研究多个复变量之间的关系。数学是研究量的关系的科学。客观世界出现的量的关系，大都是多个变量的关系。但另一方面，科学的发展通常是先研究较简单的对象，然后进而研究较复杂的对象。为简便起见，数学家往往把实际上存在的多种因素去掉，单纯研究一个变量和另一个变量之间的关系。这样，理论较容易发展，同时也部分地解决了一些实际的问题（例如共形映照在弹性力学与流体力学的应用）。这种去掉多种因素而研究单一变量关系的方法是有效的，有时甚至是必需的；但光是这个方法是不够全面的。打个比方，正如农业研究工作者研究农业增产时，若只考虑单一的增产因素，虽然也可以增产，但不如综合地考虑到各种增产因素时增产的多。

多复变数函数论与其他数学学科的联系是非常广泛而密切的。上面说过近代数学的发展加速了多复变数函数论的发展，这个过程是可逆的。最显著的例子是拓扑学的新方法“绯苏”（Faiseau）理论，就是在这样的相互影响下迅速的发展起来。此外，多复变数函数论与偏微分方程、李群、微分几何、富氏分析、代数几何等的联系同样十分密切，因之研究多复变数函数的数学工作者，必须具有较广泛的数学知识，培养这方面的研究干部，须要较长的时间。但科学上是没有不可攻破的堡垒的，特别是今天在祖国内，年轻的数学工作者有良好的工作条件，有吸取前人总结的经验的可能而可比前人更快地走到研究工作的前线。只要我们研究的态度是端正的，诚诚恳恳地工作，总会对祖国的科学事业做出贡献。固然研究多复变数函数论需要有广泛的数学知识，但是并不需要什么都知道一点而无论在那一方面都不深入的百科全书式的知识。对于每个研究这方面的人来说，首先要强调的是深入其中的一个简题，然后在扎实的基础上逐渐拓广自己的知识领域。但在今天，无论如何一个人总不可能深入地知道所有的数学知识，因此研究多复变数函数论所需的既深且广的要求，应很大程度的寄托在建立一支集体研究的队伍上。一个人所知的有限，各人所知的总合起来就多了。在这个集体中适当的分工合作，多复变数函数论可以期望在我国得到迅速的全面的发展。未能满意的是，这个综合利用了几乎所有近代数学的重要理论与方法的数学上尖端的——我们认为如此——学科，到今天在我国内仅有个别的人去研究它，还没有受到恰如其分的重视，研究干部是缺乏的。由于力量所限，我们只能在某些领域内工作。我们希望有比目前更多的数学工作者注意这门学问。

很自然产生的问题是：多复变函数论有什么用呢？这是今天每个有觉悟的青年在进入终身研究的一个领域之前必然会提出的问题。应该是这样的，首先，我们要把没有用和还不够用区别开来。事实是目前多复变数函数论的应用还不如单复变数函数论的某些部门（但非所有的部门）。可是这并不说明多复变数函数没有用，而是它的理论还没有发展到满足实际的需要，就是说还不够用。由于单复变数函数论数百年来已经有过许多杰出的数学家的努力，其理论是比较完善的了（当然仅是比较的意义上），而多复变函数论只是近年来才有较快的发展。上面已说过实际当中产生的量的关系，大都是多个变量的关系。这些变量的关系往往在复数域中考虑才会得到完满的彻底的解决（最简单的例如求代数方程的根）。这不过是指出一般的客观规律，如要更具体的说明那些多复变数函数论的问题是实际应用上或其他学科所迫切需要解决的，这是属于较专门的范围。这里可举一个例子说明一下：我们经常会遇到的，若有 n 个物理的量 x_1，x_2，…，x_n（例如考虑爆炸所投掷的土石块之距离 x_1，爆炸时所掷出之角度 x_2，土石块至爆破中心的距离 x_3 等等；所考虑的因素越多则变量越多），适合 m（$<n$）个实的解析关系

$$f_1(x_1, x_2, \cdots, x_n)=0,$$

$$f_2(x_1, x_2, \cdots, x_n)=0,$$

…

$f_m(x_1, x_2, \cdots, x_n) = 0$,

显然地，任意地给予一组数值（$x_1, x_2, \cdots, x_n$）未必能适合上面的诸方程式。但实际上往往需要找出所有的适合上面诸关系的数值组（$x_1, x_2, \cdots, x_n$），即要找出一些根据一定办法构造的单值函数 $\varphi_1(t_1, \cdots, t_n\text{-}m)$，…，$\varphi_n(t_1, \cdots, t_n\text{-}m)$，使得当 $t_1, \cdots, t_n\text{-}m$ 过一确定的数值范围时，$x_1=\varphi_1(t_1, \cdots, t_n\text{-}m)$，…，$x_n=\varphi_n(t_1, \cdots, t_n\text{-}s)$ 过所有适合诸方程式的数值组（$x_1, x_2, \cdots, x_n$）。这首先要把 $x_1, x_2, \cdots, x_n$ 放到复数域去才便于考虑。当 $n=2$ 的情况，经不少大数学家（Poincare，Klein，Koebe 等）的努力，问题已比较完满地用自守函数解决了，当 $n>2$ 时，这个问题的非局部的解，就涉及多复变数函数论许多其他的根本性问题要先解决的。总之，作者认为多复变数函数论的发展还落后于实际的需要，尚待有志者努力。

读者也许关心目前我国多复变数函数论的研究情况如何。解放以来，研究工作的前一阶段主要是在典型域方面。在单复变数函数论中，一大部分工作是研究单位圆上的各种解析函数族的性质及几何函数论。在多复变数函数论中具有单位圆特征的标准域不止一个，它们是不能彼此解析地互相映照的。稍学过复变函数论的人便知道，在单位圆内正则的解析函数能在圆内展为幂级数，这可以利用柯西公式证明。一个多复变数的正则函数能在典型域内（非局部的）展为什么的级数呢？这种级数不是简单的多重幂级数。我国华罗庚教授是利用群表示论的方法表示之，而相反地从这些级数来做出柯西公式，并在这基础上得出一系列的结果。由于这些工作，华罗庚教授获得了 1957 年的国家科学奖金。最近我国内在多复变数函数论方面主要是研究位函数论。单复变数的位函数论在物理与工程方面的广泛应用是物理学家与工程师所熟知的。多复变数的位函数论应如何研究则是国外不少数学家努力而还未得到相当满意答案的问题。我国研究的特色是，把多复变数的位函数论与边界上蜕化的椭圆型偏微分方程以及一种新型的微分流形关联起来。

上面说过，多复变数函数论的发展还落后于实际需要。但是，我国研究多复变函数的人数还很少（目前只有华罗庚教授及其指导的个别学生积极在这方面工作），似乎和实际要求不甚相称。希望本文能达到在开始时所说的目的，引起较多的年轻数学工作者注意和从事这方面的研究。

非典型干扰

一场突如其来的运动，扰乱了数学所如火如荼的学术空气，出现了第一次科研活动的停滞，这就是那场波及社会各阶层的“反右”运动。

1957 年 4 月 27 日，中共中央发出《关于整风运动的指示》，决定在全党进行一次以正确处理人民内部矛盾为主题，以反对“官僚主义”、“宗派主义”和“主观主义”为内容的整风运动，发动群众向党提出批评建议。6 月 8 日，风向一转，中共中央向全党发出《组织力量反击右派分子的猖狂进攻》的指示。同日，《人民日报》发表社论《这是为什么？》。随后一场政治运动开展起来，这场运动对知识分子影响最大，也伤害至深。由于全员参加运动，数学所的学术活动基本陷于停顿。

在“反右”运动中曾发生“六教授”聚会事件，费孝通（中央民族学院教授）、钱伟长（清华大学副校长、教授）、曾昭抡（北京大学教授）、陶大镛（北京师范大学教授）、吴景超（中国人民大学教授）、黄药眠（北京师范大学教授）等六教授在全国政协俱乐部聚会，发表对当时讨论高等教育体制的意见，主张“教授治校”，后来六人全部划为“右派”，无一幸免。

华罗庚与曾昭抡、钱伟长同为民盟中央“科学规划问题”小组五人成员（还有千家驹、童第周），相互间意见相通，加之“思想改造运动”时的旧案重提，当时就有种意见要把华罗庚定为“右派”。而时任中国科学院党组书记的张劲夫提出“物以稀为贵”，在他的刻意保护下，华罗庚幸免于难。在运动中华罗庚虽然侥幸未划成“右派”，但也深受冲击，1959

年，运动还未结束，就主动要求调到新成立的中国科技大学工作，仅在名义上保留数学所所长的职务。数学所的“华罗庚时代”画上了句号。

陆启铿在这次运动中，吸取了以前的教训，沉默少言，有防人之意，无害人之心。当有人让他写材料揭发华罗庚的“右派”言论时，他回答：“我对华先生是有些意见的，不过我会直接当面向他提意见，无必要写材料。”来人也没办法。陆启铿还算平静地度过了这场知识分子人人自危的运动。

接踵而来的是“大跃进”运动，又把数学所的研究方向大都转向低端应用。当时，陆启铿正在寻求多复变函数的应用，受政治环境的影响，在学术上也走了一段弯路，作为教训，他为此对自己的治学态度曾经做过深深的反思。

“大跃进”期间，陆启铿在北大的授课被迫中断，科研工作也受到干扰。此时，数学所也有人提出了“三年超英国，五年赶美国”的口号，要求每个人提出具体指标。陆启铿受到很大的压力，发愁如何给多复变函数论提出一个大跃进的指标。他想到了苏联科学院西伯利亚分院院长拉夫连季耶夫（Lavrentiev）的一段经历。拉夫连季耶夫原是单复变函数论专家，二次世界大战时转向研究穿甲弹与定向爆破问题，取得实际应用。他 1959 年曾来中国访问，并认为中国对多复变函数论的研究比苏联领先。陆启铿也想仿效一下，研究定向爆破问题，用复变函数论去解决定向爆破中的一些理论问题。

恰好北京水利设计院有一些青年工程师正在河北邢台山区，采用定向爆破技术修筑水坝。于是在 1960 年，陆启铿带领访问学者谢晖春和谭鑫坐火车赶到邢台，沿途看到的“大跃进”的经典画面，让他触目惊心，随处可见火光冲天、大炼钢铁，而田间只有些许老人、儿童以及妇女在摘棉花，因无人收获，大片的庄稼烂在地里。

他们在邢台待了两个月左右，试图从理论角度研究定向爆破的模型问题。陆启铿用代数体函数给出了一个公式，取代工程师当时采用的经验公式。回到北京后，向数学所领导做了汇报，所领导很重视，并请北京水利设计院高级工程师开了鉴定会，与会的高级工程师竟给了很高的评价。

图 4-7　北京动物园与同事合影［后排左起：陆启铿（一）、谢晖春（二）；前排左起：许以超（一）、谭鑫（二）］（1959 年。资料来源：陆启铿提供）

陆启铿几个人把工作整理成文："用定向爆破筑坝之堆积形状及高度"，发表在《数学学报》1959 年第 1 期上。那些工程师在之后的施工中发现，采用定向爆破技术只能完成土方量的 30%，效率低下。但上报时为了迎合领导的期望，却谎称他们实施定向爆破可以完成工作的 70%。在实际施工中把陆启铿的公式抛在一边，仍旧采用他们传统的施工方法。

华罗庚知道此事后把陆启铿找来痛骂了一顿，说他们浮夸。陆启铿对自己学术上的轻佻，深自懊悔，在以后的科研活动中，常以此事为戒。

"大跃进"之后，随之而来的是三年自然灾害，使已经处于低谷的国民经济雪上加霜。1960 年冬，中央提出了"调整、巩固、充实、提高"的指导方针，正常的科研秩序才有所恢复。

科学院在 1961 年 9 月颁布了《中国科学院自然科学研究所暂行条例》（简称《七十二条》），作为指导院属各研究所工作的纲领性文件。《七十二条》规定研究所必须实行所党委领导下的以所长为首的所务委员会负责制，把"出成果、出人才"作为开展今后工作的重点，并对所务委员会、学术委员会、研究室、研究工作的管理、研究技术人员、研究生和在职干部的培养、科学服务机构、党的组织等方面在制度和运行机制上做了具体规定。

数学所为了贯彻科学院的《七十二条》，扭转“大跃进”对基础理论研究造成的冲击，开始着手调整科研体制，整顿科研队伍，使各项研究工作得以推进。

首先是全面恢复研究室建制，至1962年上半年，数学所共设立了10个研究室。在“大跃进”期间被打散的数论、代数、几何、拓扑等纯粹数学研究人员重新集中起来，成立了“数论、代数、几何、拓扑研究室”（亦称“四学科室”，主任吴文俊），函数论研究室（主任熊庆来），泛函分析研究室（主任田方增），理论物理研究室（主任张宗燧），概率论与数理统计研究室（主任王寿仁），微分方程研究室（主任吴新谋、副主任张素诚），根据国家任务的需要新建控制理论研究室（主任关肇直、副主任宋健），根据我国人造卫星与火箭发射计划的需要重设理论力学研究室（主任叶述武），与原力学研究所运筹室合并统一成立的运筹学研究室（主任孙克定、副主任许国志），数理逻辑研究室（主任胡世华）。其中，数理逻辑室为更加便于与计算机科学与技术的结合，经中国科学院批准于1962年底转到计算技术研究所。①

为了落实科学院部署的“三定”（定方向、定计划、定人员）工作，经华罗庚倡议，在研究人员中进行了一次“三高”（高等分析、高等代数、高等几何）基础的考试，参考考试结果，决定人员的留用、提升或调离。这些措施在整顿与优化科研队伍方面起到了积极的作用。

1962年8月15日，数学所在北京民族饭店召开了学术委员会成立大会。会上宣布了学术委员会名单，华罗庚任学术委员会主任，吴新谋、吴文俊任副主任，会上同时宣布了各研究室主任、副主任的任命。苏步青、江泽涵、段学复、王湘浩、李国平、柯召等院外著名数学家出席了会议并讲话，肯定了数学所的发展方向与工作成绩。这次会议标志着数学所贯彻中央方针和执行科学院规定取得了阶段性结果。

① 王扬宗，曹效业主编:《中国科学院院属单位简史》（第一卷·上册）。北京：科学出版社，2010年，第83页。

1962至1965年，数学所通过贯彻中央“调整，巩固，充实，提高”的方针和执行科学院“七十二条”的规定，取得了显著的成果，是相对稳定并酝酿突破的发展时期，阶段性地完成了“出成果、出人才”的目标。1965年，冯康发表了关于有限元方法的论文。1966年，陈景润发表的“哥德巴赫猜想”的研究，是这一时期数学所取得重大成就的代表。数学所又重新回到基础理论与实际应用协调发展的轨道上。

1961年，关肇直被任命为数学所副所长，并主持所务委员会。华罗庚只是名义上的所长，他的想法需要经过所务委员会同意才能得以实行。起初所务委员会对华罗庚十分尊重，他的多数意见会得到落实，但时间久了因学术观点的分歧也会产生一些矛盾，在这种情况下，华罗庚自然把主要精力放到了中国科技大学。

情况稍有好转，又有运动来袭。1963年，中央发动了新的社会主义教育运动，即“四清运动”，开始是在农村中“清工分，清账目，清仓库和清财物”，后来扩展到城市里“清思想，清政治，清组织和清经济”。这期间，数学所也派出工作组到农村开展运动，好在熊庆来是因为年纪大中过风，陈景润是因为身体不好，而陆启铿也因为身有残疾，避开了随工作组一起下乡。数学所基本上是风平浪静，他们仍然延续自己的学术研究。

陆启铿这时是在熊庆来负责的函数论研究室，继续埋头研究他的纯粹数学，这当然也是他的兴趣所在。同时，陆启铿还协助华罗庚完成了很多教学工作。除了在北京大学教授多复变函数，还受命华老拟定了1962年的研究生入学考试试题，这年的研究生招收了钟家庆、孙继广和曾宪立等人。钟家庆作为华罗庚的学生，学术培养由华罗庚委托陆启铿具体指导，专攻多复变函数论，成就了一份师生情谊，钟家庆一直视陆启铿为引路的老师。

随着科研环境的宽松，陆启铿也到了厚积薄发的时刻，科研成果纷至沓来，这个时候是陆启铿最为丰产的年代，他充分体会到收获的喜悦。

第五章
“陆启铿猜想”

陆启铿对数学科学的浓厚兴趣，造就了他追求学术创新超乎寻常的执着。怀着开拓数学新领域的使命感，他以顽强的毅力，奋发图强，在学术研究中投入了自己全部的精力，接连以敏锐的眼光捕捉、克服数学上的难关，创造出一个又一个奇迹。从1955年后，陆启铿的研究成果，从“陆启铿引理”、“陆启铿常数”、“陆启铿不变量”，直到“陆启铿猜想”，作为数学家只要取得其中一项成就，就可铭记于数学史，而陆启铿却能在数学王国的王冠上采撷到一连串的明珠，终于奠定了一代多复变函数论的国际大师的地位。

陆启铿引理

陆启铿在多复变函数论领域首次得到国际数学界同行普遍认可的工作，是施瓦兹引理在有界域的建立及由此引进的一些解析不变量的研究，国际上称之为“陆启铿引理”。随后，相继定义了“陆启铿不变量”、“陆启铿常数”等概念。

1957年，陆启铿在《数学学报》上发表了文章“多复变函数论的

Schwarz 引理”。这篇文章的英文版在 1958 年刊登在 *Scientia Sinica* 上。

施瓦兹引理是复变函数论中熟知的基本定理，阿尔福斯（Ahlfors）首先在单复变中把曲率引入施瓦兹引理，陆启铿则是世界上第一个在多复变中把曲率与施瓦兹引理联系起来的数学家。

陆启铿在有界域上建立起施瓦兹引理，得到如下深刻而漂亮的结果：考虑有界域到单位球的全纯映照，则单位球上平坦度量在映照下的拉回不超过该有界域的伯格曼度量（Bergman metric）。施瓦兹引理的这种多复变推广，国际上称为“陆启铿引理”。

该引理的一个重要推论是，对有界齐性域到自身的全纯映照，伯格曼度量在映照下的拉回不超过伯格曼度量的常数倍，可表示为：

$$L(D)=\sup_{z\in D}\left(\frac{C_D(z,v)}{B_D(z,v)}\right)$$

该常数 2008 年在国际上被定义为“陆启铿常数”。

对于典型域，陆启铿指出该常数可由伯格曼度量的酉曲率的上、下确界给出，这三个量是全系解析不变量，国际上称为“陆启铿不变量”。

1967 年，科拉尼（A. Koranyi）对典型域（包括两个例外域）计算出施瓦兹常数，而例外域的 $L(D)$ 与 $U(D)$ 直到 1983 年才由吴兰芳和许以超算出。其后，在施瓦兹引理上的重要结果是 1975 年丘成桐的定理和 1978 年陆启铿与郑绍远、陈志华合作的工作。

该引理另一个显见的推论是：卡拉西奥多里微分度量小于或等于伯格曼度量。这成为多复变的一个基本定理。令人吃惊的是，近二十年后，同样的结果和证明由美国的哈恩（K. T. Hahn）和布比（J. Burbea）得出，并发表在《美国国家科学院院刊》上。

1979 年陆启铿去美国访问时，听杨建平谈起，哈恩和布比还在互争此项研究工作的优先权，他不禁莞尔。在加州伯克利大学举行的一次报告会上，小林昭七说明上面不等式是哈恩所证，得到著名数学家丘成桐的当场纠正：“你讲的不对，这个工作的结果是陆启铿做出的。”

正是由于陆启铿引进了一些不变量，完善了施瓦茨引理，使之成为多复变函数论领域中一个极其重要的引理。苏联函数论专家福克斯（Б.Л.Фykc）在1948年出版了一本多复变函数论的经典专著，涉及施瓦茨引理的内容很少，但等到1963年再版时，就以较多篇幅补充了陆启铿先生的全部结果。

以下是陆启铿引理的部分推导过程：

设D为C^n中有界域，$T(z,\bar{z})$是其伯格曼度量方阵，若$f=(f_1,\dots,f_n):D\to C^n$是全纯映照，而且$\bar{f}\,f'\leqslant M^2$，则有

$$\frac{\partial f\partial \bar{f}'}{\partial z\partial \bar{z}}\leqslant M^2T(z,\bar{z}) \quad (1)$$

由此可以推出，若D还是齐性域，则存在一个仅与D有关的正常数$K(D)\geqslant 1$，使得当$f:D\to D$为全纯映照，就一定有下式成立：

$$f\times ds^2\leqslant K^2(D)ds^2 \quad (2)$$

其中ds^2表示域D的伯格曼度量。这就是域D的关于伯格曼度量的施瓦兹引理，即“陆启铿引理”。

首先说明一下为什么上述形式的叙述称为施瓦兹引理。若Ω是C中的单位圆域，$f:\Omega\to\Omega$是全纯映照，$f(0)=0$，经典的施瓦兹引理是讲，对所有$z\in\Omega$，有$|f(z)|\leqslant|z|$和$|f'(0)|\leqslant 1$，而且在Ω的某一点Z_0有$|f(z_0)|=|z_0|$或$|f'(0)|=1$，则$f(z)=e^{i\theta}z$。

此引理的一个等价的说法是：设f是映Ω入其内部的全纯映照，则对$z\in\Omega$，有$\dfrac{|df|}{1-|f|^2}\leqslant\dfrac{|dz|}{1-|z|^2}$。

若在Ω的某一点使上述等式成立，则f为Ω的双全纯自同构。

由于Ω的庞加莱－伯格曼度量为$ds^2=dzd\bar{z}\left[1-|z|^2\right]^{-2}$，因此，上面的不等式就可以写为$f\times ds^2\leqslant ds^2$。这种具有明显几何意义（即在全纯映照下，$\Omega$的非欧度量是缩小的）的形式是Pick给出的。其后，在单复变中，阿尔福斯（L.V.Ahlfors，1907—1996）作了最重要的推广。由于Ω在ds^2下其高斯曲率$-K_1=-1/4$，设M是一维卡勒流形，又在

度量 dS_M^2 下的高斯曲率有负上界 $-K_2$，设 $f:\Omega\to M$ 为全纯映照，则阿尔福斯断言有$f\times ds_M^2\leqslant\frac{K_1}{K_2}ds^2$，这样，阿尔福斯第一个在单复变中，把曲率引入施瓦兹引理。这在施瓦兹引理的发展中是一个重要的里程碑，这也解释了刚才提出的问题。

陆启铿是世界上首先在多复变中把曲率与施瓦兹引理联系起来的数学家。

假设 $L(D)$ 与 $U(D)$ 分别表示典型域 D 的伯格曼度量下的全纯截曲率的下确界与上确界，则有 $K^2(D)=L(D)/U(D)$，故（2）式为 $f\times ds^2\leqslant\frac{L(D)}{U(D)}ds^2$ $K(D)$ 称为域 D 的施瓦兹常数，它与 $L(D)$ 与 $U(D)$ 都是域 D 的全纯不变量。现在这三个不变量都称为“陆启铿不变量”。

而且两典型域 D 与 G 全纯等价的充要条件为：$K(D)=K(G)$，$L(D)=L(G)$ 或者是 $L(D)=L(G)$，$U(D)=U(G)$。由此，陆启铿还发现并纠正了嘉当（E. Cartan，1869—1951）在分类中的一些小错误，并对不可约非例外典型域计算出了这三种不变量。

在这篇文章还建立了 C^n 中有界域的伯格曼度量与卡拉西奥多里（Carathéodory）度量的不等式。

若令前面的 $M=1$ 和 $f=(f_1,0,\cdots,0)$，则不等式（1）就明显的蕴含

$$\sup_{f\in H_1(D)}\left|df_1\right|^2\leqslant ds^2=B_D^2 \tag{3}$$

其中 B_D 为域 D 的伯格曼度量，$H_1(D)=\{f:f\text{在}D\text{全纯且}|f|<1\}$，上式左端就是 1965 年由赖芬（H.J. Rejffen）引进的卡拉西奥多里度量（微分形式）的定义。令 C_D 表示 D 的卡拉西奥多里度量，则不等式（3）变成 $C_D\leqslant B_D$。

典型域的推广

典型域的研究贯穿华罗庚的一生，是他在数学领域的主要成果之一。

在五十年代，研究典型域及多复变函数论有两个标志性的成果，处于当时国际上领先地位。

一个是华罗庚的“典型域上的多元复变函数论”，于1956年获得第一届国家自然科学奖一等奖。

另一个是华罗庚是与陆启铿合作建立了典型域上的调和函数论和扩充空间的理论，解决了拉普拉斯－贝尔特拉米（Laplace - Beltrami）方程的狄利克雷（Dirichlet）问题。其结果具有十分重要的理论意义，著名数学家C. L. Siegel（西格尔）就在其三卷本的巨著《复变函数论》（*Topics on complex function theory*，1973）中引用了四篇华罗庚的文章，四篇陆启铿的文章和三篇华罗庚、陆启铿合作的文章。① 华、陆的工作包括方法、结论散见于书中。

这部分成果，陆启铿总结在《典型流形与典型域》这一著作中，1963年由上海科学技术出版社出版。1987年中科院数学所以“典型流形与典型域”为项目名称为陆启铿申报国家自然科学奖，获得三等奖。那时华罗庚已经逝世三年，申报时国内数学界并没有意识到，项目中的“典型域上的调和函数论和扩充空间的理论”，也是华罗庚在多复变研究上的另一个标志性成果，或许是这个成果没能获得更高级别奖励的一个原因。②

什么是典型域上的调和函数呢？

在复平面 $z=x+iy$ 中，函数 $u(z)$ 称为调和函数，如果它适合方程

$$4\frac{\partial^2 u(z)}{\partial z\,\partial \overline{z}}=\frac{\partial^2 u}{\partial x^2}+\frac{\partial^2 u}{\partial y^2}=0。$$

给定单位圆周 $\partial\Omega$ 上连续的函数 $\varphi(\zeta)$，上述方程在单位圆内有唯一的解 $u(z)=\frac{1}{2\pi}\int_{|\zeta|=1}\frac{\varphi(\zeta)}{\left|1-z\overline{\zeta}\right|^2}\dot{\zeta}$，（其中边界条件是 $\lim\limits_{z\to\zeta\in\partial\Omega}u(z)=\varphi(\zeta)$）这就是历史上著名的泊松公式。

① 殷慰萍：著名数学家陆启铿学部委员——庆贺陆启铿教授65寿辰。《数学季刊》，1992年第7卷第3期，第1–8页。

② 殷慰萍访谈，2013年4月29日，北京。资料存于采集工程数据库。

单位圆域 Ω 的高维空间的推广是典型域。

设 D 是 C^n 中的典型域，$T(z,\bar{z})$ 是域 D 的伯格曼度量方阵，则 $\Delta:=tr\left[T^{-1}(z,\bar{z})(\frac{\partial^2}{\partial z_\alpha \partial \bar{z}_\beta})\right]$ 就是域 D 的伯格曼度量下的拉普拉斯－贝尔特拉米（Laplace−Beltrami）算子。D 中有二阶连续偏微商的实值函数 $u(z)$，并使 $\Delta u=0$，则称 $u(z)$ 为域 D 的调和函数。为了求出域 D 的调和函数，使得在 D 的特征边界 ∂D 上取已给的连续边界值 $\varphi(\zeta)$。陆启铿证明了这个狄利克雷（Dirichlet）问题解的存在性和唯一性，并用泊松积分给出了显式解。利用缝空间的链的概念而得到的极值原理证明了解的唯一性。构造域 D 的泊松核而得到显式解。

设 $H(z,\zeta)$ 是 D 的柯西核，那么 D 的泊松核为 $P(z,\varsigma)=\left|H(z,\varsigma)\right|^2 H(z,\bar{z})^{-1}(\varsigma\in\partial D)$，而狄利克雷问题的显式解为 $u(z)=\frac{1}{V(\partial D)}\int\varphi(\varsigma)P(z,\varsigma)\dot{\varsigma}$

其中关键一点是 $P(z,\zeta)$ 作为 z 的函数能被 Δ 零化，即 $\Delta P(z,\zeta)=0$。

在这项工作的影响下，引起了一系列的工作，由陆启铿和他的学生陆汝钤、殷慰萍、钟家庆完成。

陆汝钤在非对称齐性域上建立调和函数论时发现 $\Delta P(z,\zeta)\neq 0$。许以超进而证明对有界齐性域 D，使得 $\Delta P(z,\zeta)=0$ 的充要条件是域 D 是对称域。

这样，在非对称齐性域上建立调和函数论可从两方向着手，其一是寻找使得 $P(z,\zeta)$ 零化的不同于拉普拉斯算子的其他不变做分算子，其二是构造能被 Δ 所零化的广义的泊松核。后者尚未解决，前者，由殷慰萍对 C^5 中的一个非对称齐性域找到了两个符合要求的不变微分算子，但相应的调和函数论还有待建立。

典型域的曲率小于 0，如何把华－陆的结果推广到曲率非正的完备黎曼流形上，钟家庆的“典型域的 Busemann 函数”一文便是探讨此问题的一个步骤。

$T^{-1}(z,\bar{z})\left(\frac{\partial^2}{\partial z_\alpha \partial \bar{z}_\beta}\right)$ 是一个矩阵（n 阶）算子，Δ 是这个矩阵的

迹，也就是所有一阶主子式之和，若 Δ_j 表示上述矩阵的所有 j 阶主子式之和，则 Δ_j 是非线性的不变微分算子，称为高阶调和算子 $(j=1,2,3,\cdots,n)$。也可考虑建立使 Δ_j 零化的调和函数论。这是从另一方面对华－陆工作的推广。Δ_n 就是 Monge-Ampere 算子。国外有文章研究使 Δ_j 零化的各函数之间的关系，主要想用 $\Delta_1 u=\Delta u=0$ 的解来得到 $\Delta_n u=0$ 的解，对典型域而言，殷慰萍证明由 $\Delta P(z,\zeta)=0$ 可推得 $\Delta_n[P(z,\varsigma)^{1/n}]=0$，当且仅当 D 是对称域。

扩充空间的问题实际上就是如何引进“无穷远点”的问题，这是为了讨论函数在无穷远处的性质而很自然引起的。在单复变的情况下，与 3 维实空间中的单位球面一一对应的扩充复平面就是一个扩充空间。在 n 维的复数空间中如何引进“无穷远点”使之成为扩充空间要复杂的多。一般而言扩充空间应当具有如下性质：（1）它是一个复解析流形；（2）它容许一可递的解析自同胚群（即成一个齐性的复流形）；（3）它可以用有限个坐标领域盖过，此外，它最多除了一些较低维的点集以外，可以选定一个坐标邻域盖过，而此例外点集之点可称之为“无穷远点”。例如，Grassmann 流形以及它的一些紧致的齐性复子流形，都可以看成是扩充空间，而且四大类对称典型域都可以表示成这些扩充空间中的超球。

图 5-1　六十年代的陆启铿
（资料来源：陆启铿提供）

扩充空间的理论便是在多复变数空间 C^n 中如何引进无穷远点并使之成为齐性复流形的理论。

以单复变为例，对高斯平面 C，可以引进唯一的无穷远点而使平面紧致，扩充成为一维复投影空间。

而且此复投影空间的运动群使单位圆域 D 保持不变的子群就是 D 的解析自同胚群。

用华罗庚的术语，一维复投影

空间就是以域 D 为“绝对”的扩充空间。用现代的说法，此扩充空间就是域 D 的对偶的紧 Hermitain 对称空间。钟家庆和殷慰萍对更广泛的有界齐性域给出了它们的扩充空间。

勒雷公式

陆启铿对勒雷公式创造性的拓展工作，是他在多复变函数论领域的又一重大成就。

众所周知，柯西（Cauchy）公式是复变函数理论中最重要的公式。在多复变中，华罗庚先生对典型域构造了柯西核，从而得到典型域上的柯西公式。陆启铿在60年代发现和证明了法国科学院院士勒雷（Leray）的 Cauchy- Fantappie 核在多复变积分理论中的重要性，建立了的勒雷积分公式与华罗庚积分公式的关系，是最先把勒雷公式用于积分表示的工作之一，对多复变积分表示论的主要发展者亨钦（Henkin）的工作有重要影响。

1964年，陆启铿参加了数学所研究员吴新谋组织的勒雷文章的讨论班。吴新谋虽非多复变的专家，但是凭借广博的学识和严谨求实的学风，使他在学术上常有过人的远见，他这时敏感地觉察到勒雷工作的重要，预言会对多复变领域产生深远的影响。讨论班主要研究勒雷的五篇文章，是关于椭圆形方程的柯西理论，参加讨论班的研究人员都获益匪浅，其中的齐民友与李大潜，先后成为与法国数学交流的中方负责人，李大潜还荣膺法国科学院院士。

勒雷，是法国数学界权威，法兰西科学院院士。他直接继承了著名数学物理学家庞加莱（H. Poincaré，1854—1912）的一些工作，对柯西理论有一系列著述。

陆启铿在讨论班承担的任务是介绍和报告勒雷在1959年发表的一篇文章，关于“复流形上的微积分”，长达100页。通过深入分析，陆启铿对勒雷建立的柯西－范塔皮（Cauchy-Fantappiè）公式发生浓厚兴趣，发现勒雷虽然已经做了开创性的工作，但并没有进行很好的拓广。而法国巴黎第Ⅶ大学的诺盖（F. Norguet）曾用此公式推出不少已知的多复变的柯西公式。

陆启铿的数学研究受吴文俊的影响很大。吴文俊曾在很多场合都强调过数学的构造性方法的重要性，和华罗庚的观点相似，他认为与其花费更多的精力去证明代数或微分具体方程的存在，还不如证明如何把解构造出来。受此影响，陆启铿一生的研究工作，大部分使用构造性方法。他还在此基础上进行了发展，认为构造性方法虽然是数学上可以有效解决实际问题的重要方法，但并不是数学上唯一的方法。如果有些微分方程的解不存在，在无法构造其解的情况下，可以采用逻辑推理的方法进行证明。

陆启铿采用构造性方法，从勒雷的柯西－范塔皮公式中构造出了适当的循环与外微分式，推导出华罗庚典型域的柯西公式，并且证明苏联的阿京伯格在当时得出的一些柯西公式是勒雷建立的公式的特例。这是陆启铿对勒雷学说进行的的实质性的发展，也是他最先把勒雷公式用于积分表示的工作之一。

陆启铿把这项成果写成论文"关于 Cauchy-Fantappié 公式"，全文发表在 1966 年的《数学学报》上。美国同行很快把他的文章译为英文登载在他们出版的《中国数学》（*Chinese Mathematics*）上。在这之后，阿京伯格和苏联另一年轻数学家赫欣（K. Henkin）也十分重视勒雷的公式的研究，十几年间，他们循着陆启铿的思路深入研究，终于做出了很漂亮的积分表示工作。而在法国，勒雷门下的学者也很重视，他的学生诺盖的讨论班的讲义上引用陆启铿的文章有十几次之多。

后来，陆启铿曾经两次见到勒雷。

1987 年勒雷应南开大学邀请来中国访问，在北京停留时做了他的工作报告，谈到他建立的柯西－范塔皮公式（实际是勒雷公式），盛赞赫欣创造性的发展。当陆启铿听完讲演，把美国 1966 年翻译他的文章的英文复印本送给勒雷，他看后异常惊奇。他说没有料到他 1959 年刚做出的工作，中国学者在 1963 年就做出了创造性的应用，这个最早独具慧眼并首先发展他的理论的，竟是一个中国年轻同行，他随后把带来中国的自己的一套论文单行本送给了陆启铿。

1988 年，在访问瑞典途中，陆启铿得到勒雷的学生多尔保（Dolbeault）的邀请顺访巴黎一周。在法兰西学院庞加莱研究所做报告时，82 岁的数学家勒雷亲自到场。报告结束，勒雷第一个站起来上前和陆启铿握手，感谢他首先对勒雷公式的重视和开拓，从 1988 年起，勒雷每年都给陆寄来贺年片，已经把陆启铿视为自己学术上的知音。

“陆启铿猜想”

“陆启铿猜想”是陆启铿在六十年代提出的，由此引出“陆启铿域”的理论，至今仍是国际数学界热门的讨论话题，这也是新中国成立后国际数学界首次以中国数学家命名的猜想。

国内最初知道这个命名的还是华罗庚，他有一次突然问陆启铿：“什么叫‘陆启铿猜想’？”陆启铿老实承认：“我自己也不知道。”然后只好赶紧去查文献，才知道从 1969 年起国外一直断断续续有人研究这个问题。

1966 年，陆启铿在微分几何领域上的研究成果，以论文“关于常曲率的 Kähler 流形”在《数学学报》上发表，引起世界数学界同行广泛的重视，随即被美国英文杂志《中国数学》翻译转载。

陆启铿通过对多复变数伯格曼核的研究，提出了伯格曼核有无零点的问题，被命名为“陆启铿猜想”或“陆启铿问题”，伯格曼核无零点的域被称为“陆启铿域”。“陆启铿猜想”和“陆启铿域”已成为多复变函数的研究热点，引起许多数学家竞相去论证该猜想在哪些域成立，推动了多复变函数的研究。这一著名的猜想，还被写入美国著名数学家 S.G. Krantz（克朗茨）的名著《多复变函数论》（*Function theory of several complex variables*，1982）一书及美国著名数学家 Greene 与伍鸿熙的名著 *Function Theory on Manifolds Which Possesses a Pole* 书中。Bergman 奖获得者 Boas

以"Lu Qi-Keng's Problem"为题撰写综述论文，他将"陆启铿问题"与黎曼假设作类比，这些问题均是问无穷和的零点问题。

在陆启铿的文章里介绍了他在微分几何领域的研究成果：n 维复数空间中的有界域 D 若具有全纯截曲率为常数的完备的伯格曼（S. Bergman，1895—1977）度量，则 D 一定双全纯等价于 n 维超球，而且此常数一定是 $-2/(n+1)$。这说明"具有全纯截曲率为常数的完备的伯格曼度量"，就是超球的特征性质。其中重要而有趣的是不要求 D 是单连通域，在以往这条件被认为是不可或缺的。这个定理现在称之为"陆启铿定理"。

陆启铿在文章提出，设 $K(z,\bar{i})$ 表示 C^n 中有界域 D 的伯格曼核函数，$K(z,\bar{i})$ 在域 D 无零点的猜想，这就是"陆启铿猜想"。

1969年波兰一位数学家斯卡里津斯基（M. Skwarczinski）在文章"The distance in theory of pseudo-conformal transformations and the Lu Qi-keng conjecture"（*Proc. Amer. Math. Soc.*，1969（22）：305-310）中，首先称此为"陆启铿猜想"，他当时举出一个反例，这样他便称伯格曼核函数没有零点的域，即陆启铿猜想成立的域为"陆启铿域"。这是一个著名的猜想，已载入克朗茨（S.G. Krantz）的专著 *Function theory of sevaral complex variables*（John Wiley & Sons，New York，1982，Toronto.Singapore）。

"陆启铿猜想"的提出，引起许多数学家竞相去论证"陆启铿猜想"在哪些域成立。他们不断提出反例，推动了"陆启铿猜想"研究的发展。

1970年格林尼（R.E. Greene）与伍鸿熙的专著 Function Theory on Manifolds Which Possesses a Pole（Springer-Verlag，1970），把此猜想修正为"有界单连通的强拟凸域是陆启铿域"。

但博阿斯（H. Boas）在"Counterexample to the Lu Qi-keng conjecture"（*Proc. Amer. Math. Soc.*，1986（97）：36-37）又给出一个反例，现在则要看实解析边界的几何凸域是否有反例。

这引起一些数学家研究"在什么条件下有界域全纯等价于超球"的问题，也就是探讨超球的特征性质的问题。

在这方面王彬提出了一个著名的结果，即 C^∞ 强拟凸域若具有非紧的自同构群则一定双全纯等价于超球。为了推广王彬结果，一些数学家开始

探讨 C^n 中有光滑边界的有界域，若其自同构群非紧，将全纯等价于何种域的问题。

格林与克兰兹（S.G. Krantz）指出由上述超球的陆启铿特征可以推出王彬的结果。格林与克兰兹猜想，C^2 中具有上述性质的域一定双全纯等价于 $E_p=\{(z,w)\in C^2:|z|^2+|w|^{2p}<1\}$，其中 p 为正整数。对于 C^2 中具有解析边界且自同构群非紧的拟凸域，贝德福德（E.Bedford）和平丘克（S.Pinchuk）证明了格林－克兰兹猜想，其后他们又加了一些条件后把结

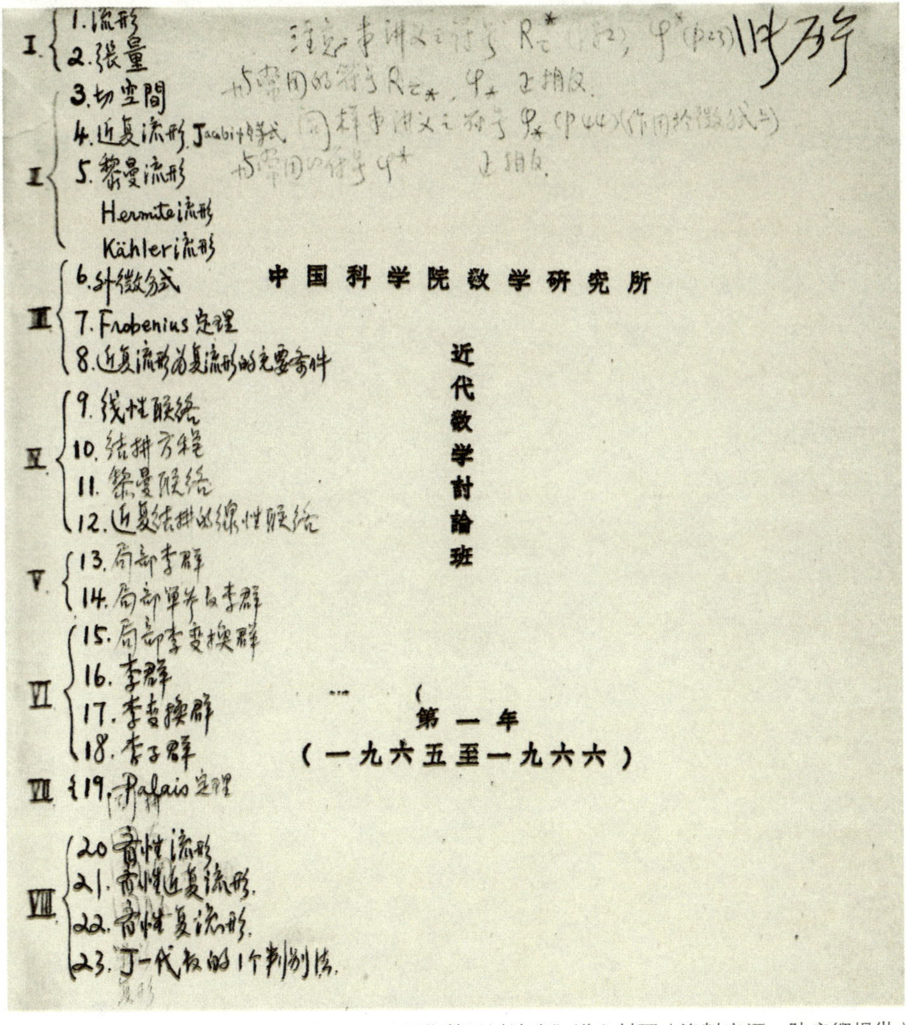

中国科学院数学研究所

近代数学討論班

第一年

（一九六五至一九六六）

I. 1.流形 2.張量

II. 3.切空間 4.近复流形，Jacobi恒等式 5.黎曼流形 Hermite流形 Kähler流形

III. 6.外微分式 7.Frobenius定理 8.近复流形为复流形的充要条件

IV. 9.线性联络 10.结构方程 11.黎曼联络 12.近复结构的線性联络

V. 13.局部李群 14.局部单参数李群

VI. 15.局部李变换群 16.李群 17.李变换群 18.李子群

VII. 19.Palais定理

VIII. 20.齐性流形 21.齐性近复流形 22.齐性复流形 23.J—代数的1个判别法

图 5–2 “近代数学讨论班”讲义封面（资料来源：陆启铿提供）

果推广到 C^n 中（n 大于 2）。[①]

至今，国际上对与“陆启铿猜想”研究的兴趣仍然经久不衰。

“陆启铿猜想”是五十年代以来第一个在国际上被广泛承认，由大陆数学家提出并命名的猜想，打破了数学领域的猜想全部为西方人提出的先例，能使西方学者围绕我们数学家提出的问题和猜想进行研究，无疑是国人和中国数学界的荣耀。

为了跟进国外数学领域学术研究的先进成果，1965 年，陆启铿向数学所领导提出建议，开设“近代数学讨论班”，专门介绍国外数学领域最新研究方向和趋势。

吴文俊和张宗燧很欣赏这个建议，讨论班很快成立，由吴文俊主持。陆启铿是讨论班的第一位报告者，他做了六次关于微分几何与李群问题的报告。遗憾的是讲义没有出版，到了七十年代初期，国际上关于理论物理与微分几何关系的研究开始引起注意，但国内现代微分几何书籍缺乏，有人想起几年前陆启铿的报告，找出这份讲义并大量复印，成为理论物理的数学应用的一部基础教材。陆启铿在为把国外学术成果引入国内进行了大量的工作，对缩小中国与国外先进国家在数学领域研究上的差距发挥了很好的作用。

① 殷慰萍：著名数学家陆启铿学部委员——庆贺陆启铿教授 65 寿辰。《数学季刊》，1992 年第 7 卷第 3 期，第 1–8 页。

第六章
跨越学科

数学和物理学的发展在历史上一直密不可分。许多数学理论是在物理问题的基础上发展起来的，很多数学方法和工具通常也是在物理学中找到实际应用。

20 世纪初期，等离子体物理、固体物理、非线性光学、空间技术、核技术等应用技术发展迅速，数学领域的复变函数、积分变换、特殊函数、变分法、调和分析、泛函分析以及微分几何、代数几何已经成为研究物理学的有效工具。伴随着对电磁理论与引力场的深入研究，人们的时空观念发生了根本的变化，这使得闵科夫斯基空间和黎曼空间的几何学成为爱因斯坦狭义相对论和广义相对论所必需的数学理论，许多物理量以向量、张量和旋量作为表达形式。两个学科的联系空前紧密。

六十年代，陆启铿为了寻找多复变函数论的应用领域，开始涉足理论物理学科，取得了令人瞩目的成就。

劈边定理与未来光锥

六十年代，出于国家核技术发展的需要，数学所开展了关于热核反应的色散关系的研究。一次偶然的机会，中科院学部委员张宗燧[①]和陆启铿谈到，多复变函数正在应用于量子场论色散关系的证明。陆启铿敏锐地感觉到，这会是一个新的研究方向，会极大的拓展多复变函数论的应用领域。当时，陆启铿对于量子场论全无概念，于是向老友戴元本求助，请他为自己和其他研究多复变函数论的同事讲讲量子场论的基本知识。戴元本十分热情地答应了，为他们讲授几个月的量子场论课程。[②]

经过一番恶补，1961 年陆启铿参加了张宗燧主持的色散关系讨论班。在色散关系的证明中用到了多复变函数论中一个叫“edge of wedge”的定理，“edge”是边，“wedge”是斧头，张宗燧就翻译为“劈边”定理。色散关系是苏联物理学家博戈柳博夫（N. Bogoliubov，1909—1992）最先提出完整的证明，证明之中用到一个多复变函数论定理，也是由他提出并证明的，这个定理后来由布莱曼（Hans-Joachim Bremermann，1926—1996）重新用数学的语言来描述，称之为“edge of wedge”定理，后来戴森（F. Dyson，1923— ）研究色散关系时，也赞同“edge of wedge”定理的说法。这是一个数学上严格的定理，证明要用到比较多的多复变函数论的解析延拓的知识。[③]

---

① 张宗燧（1915-1969），浙江杭州人，中国物理学家，时任中科院数学所理论物理研究室主任。中国科学院院士。第一位在剑桥大学开课的中国人。1934 年毕业于清华大学物理系并留校攻读学位。1938 年获英国剑桥大学哲学博士学位并先后去丹麦、瑞士进行科学研究。1939 年回国并任重庆中央大学物理系教授。1945 年以英国文化协会高级研究员身份赴英国剑桥大学进行科学研究，后由量子力学创始人波尔邀请去哥本哈访问。1947 年赴美国普林斯顿高等学术研究院、费城加尼基工业大学工作。1948 年回国后，历任中央大学、北京大学教授，北京师范大学教授及理论物理教研室主任，中国科学院数学研究所研究员及理论物理研究室主任兼中国科技大学教授等职。参见尹晓冬：张宗燧在欧洲的学术活动（1936-1939）。《自然辩证法通讯》，2010 年第 32 卷第 2 期，第 59-64 页。

② 陆启铿：与基础研究和学科交叉有关的一些经验。《科学时报》，2008 年 7 月 24 日。

③ 陆启铿：一位诚实的科学家——怀念张宗燧先生。《科学时报》，2005 年 12 月 6 日。

张宗燧能够了解这个定理，使陆启铿十分佩服他数学知识的广博，因为那个时代的理论物理学家的数学知识一般只限于张量分析单复变函数、变分法富氏分析、概率统计、群论、李代数和泛函分析的希尔伯特空间等数学方法。

通过参加张宗燧的讨论班对“劈边”定理的研究，陆启铿发现“劈边”定理所研究的区域，正是华罗庚研究的典型域中第Ⅳ类域，即以特征流形（物理上叫“未来光锥”）为凸锥的管域，Heisenberg 群最早就是出现在这里。这使陆启铿对理论物理中的数学问题产生了浓厚的兴趣，这个兴趣一直影响着他以后的研究工作。另外，这也使他对苏联科学家博戈柳博夫与弗拉吉米洛夫（V.S. Vladimirov，1923—2012）于 1958 年提出的“扩充未来光锥管域是正则域”的猜想，有了较深的理解，知道它在某种意义上是“劈边”定理的推广。

博戈柳博夫证明的色散关系不但在物理上而且在数学上也很有意义，他在 1958 年的国际数学家大会上被邀请与弗拉吉米洛夫一起做了一小时报告，在其中提出了“扩充未来光锥管域”的猜想。弗拉吉米洛夫是博戈柳博夫的学生、苏联科学院斯捷克洛夫数学研究所（Steklov 研究所）所长。

1998 年，“扩充未来光锥管域”的猜想由陆启铿的学生周向宇院士解决[①]，多复变函数的解析延拓和典型域理论，对解决这个物理问题发挥了重要作用。

多复变函数论最早应用于物理学就是在色散关系，色散关系是要建一个公式来计算两个基本粒子相碰后的散射角。如果建立了这样的公式，那就可以预言散射的结果，也可用加速器实验来验证。建立这公式时需要用到柯西公式，而应用柯西公式就需知道函数在什么区域全纯。1958 年左右，苏联科学院院士联合核子所所长博戈柳博夫解决了这个难题，他是用“劈边”定理的第Ⅳ类典型域的解析延拓证明。设在第Ⅳ类典型域的无限形式$ImZ_1 > \sqrt{(ImZ_2)^2 + (ImZ_3)^2 + (ImZ_4)^2}$（叫未来光锥管域）中有一全纯函数 $f_1(z)$；在镜域 $ImZ_1 < -\sqrt{(ImZ_2)^2 + (ImZ_3)^2 + (lmZ_4)^2}$ 有一全纯函数

---

① 陆启铿：与基础研究和学科交叉有关的一些经验。《科学时报》，2008 年 7 月 24 日。

$f_2(z)$，若在特征流形 $ImZ_1=\sqrt{(ImZ_2)^2+(ImZ_3)^2+(lmZ_4)^2}=0$ 上 $f_1(z)=f_2(z)$ 并且是连续的，则有特征流形的一个邻域，使得 $f_1(z)$ 经此邻域解析延拓为 $f_2(z)$，即在此邻域中 $f_1(z)=f_2(z)$。

色散关系的进一步研究，涉及更复杂的域的解析延拓问题，这个问题化为证明扩充管域是否是一全纯域的问题。

已知 4 维的第Ⅳ类典型域等价于第Ⅰ类典型域的西格尔形式 $H_I(2,2)=\{z\in C^{2\times 2}\mid z-\overline{z}'>0\}$。

变换 $Z\to AZB$，把 $H_I(2,2)$ 映为 $T_{A,B}H_I(2,2)$，$AB\in SL(2,C)$。命 $[T_{A,B}H_I(2,2)]^n$ 表示 n 个 $T_{A,B}H_I(2,2)$ 的拓扑积，未来光锥扩充管域猜想是 $\tilde{H}_I(2,2)=U_{A,B\in SL(2,C)}[T_{A,B}H_I(2,2)]^n$ 这是否是一全纯域?

周向宇经过十年的研究解决了“矩阵圆型域”的问题，证明扩充管域是一个全纯域。为此，在 2002 年国际数学家大会上被特别邀请做了 45 分钟的长报告，他的工作不但受到俄国数学界的高度评价（认为是 20 世纪重大数学事件之一），并且被欧洲数学界写进了 20 世纪下半叶数学史，这是在国内的数学成果中罕有的。

“相对论”批判

在“文化大革命”期间，为了迎合政治上的需要，在中国科学界发动了一场对“相对论”① 的批判运动，陆启铿作为对理论物理有所涉猎的科学家也参与其间，在科学角度提供论据，为运动造势。这场运动已经被证明是一场闹剧，但陆启铿通过对“相对论”的深入研究，用多复变函数论和典型域的方法解释广义相对论的时空概念，在理论物理领域做出不少有益的工作。

① 相对论是关于时空和引力的基本理论，依据研究的对象不同分为狭义相对论和广义相对论。相对论重新确立了人类对宇宙和自然的认识，提出了“同时的相对性”、“四维时空”、“弯曲时空”等全新的概念。狭义相对论涉及那些没有引力作用或者引力作用可以忽略的情况下，物质在惯性系统中运动的规律；而广义相对论则是讨论有引力作用下，整个宇宙和粒子在弯曲的时空背景下的运动规律。

爱因斯坦（A. Einstein，1879—1955）[①] 的“狭义相对论”最早是在1917年被介绍到中国，随着“广义相对论”得到天文观测的证实，加之20年代初他两次路过上海，使相对论在中国传播的掀起了高潮。相对论激发了一批中国青年学习理论物理学的热情，促进了理论物理学研究在中国的兴起，其中涌现了像周培源和束星北这样的佼佼者，成为中国理论物理学研究的开创者。在很长一段时间里，相对论和爱因斯坦在中国都受到了普遍的尊崇。

进入五十年代，风向大转，中国开始全面否定爱因斯坦和他的相对论，到了“文化大革命”时期，由中国科学院编写的《相对论批判》使这场风潮上升到一个新的高度。

1952年，借口意识形态的分歧，苏联率先掀起了批判爱因斯坦及相对论的运动，指责爱因斯坦是“一个彻头彻尾的唯心主义者”。中国紧跟其后，在1953年1月的《人民日报》上，发表了苏联日丹诺夫的文章，指责爱因斯坦的相对主义和不可知论。爱因斯坦的世界观，他对人权、民主、自由的赞誉，统统受到攻击，被认为是个“反动分子”、“民主个人主义者”和“旧民主主义者”。

苏联在20世纪60年代停止了对爱因斯坦和相对论的批判，但是中国却由于国内的政治形势，对相对论的批判不断升温。

1966年，“文化大革命”开始后，运动很快波及自然科学界，把爱因斯坦和相对论作为第一个突破口，发出了“只有革相对论的命，自然科学才能前进。”的口号。

这场批判运动首先由一个来自湖南醴陵中学的数学教师引起。1967年，这个老师到北京进行“革命串联”，宣传他的关于“场论”的“革命性理论”。1967年底，他以“京区场论小组”的名义印发了一篇论文，以毛主席语录作为理论依据，批判物理学中关于场的理论。相对论被批为“没有

① 爱因斯坦，犹太裔理论物理学家，他创立了“相对论”，因为“对理论物理的贡献，特别是发现了光电效应”而获得1921年诺贝尔物理学奖，是现代物理学的创始人和集大成者，20世纪最重要的科学家之一；作为著名思想家和哲学家，他还是和平主义者和人道主义者，晚年积极倡导原子能的和平利用。见：尔根·奈佛：《爱因斯坦传》。北京：中央编译出版社，2013年。

跳出机械唯物论的泥坑”，“完全违背了我们最最敬爱的伟大领袖毛主席教导的物质的矛盾运动规律”。这篇论文引起了中科院革命委员会的重视，认为其是“用毛泽东思想对自然科学理论中的资产阶级反动观点进行批判，方向是对的，是新生事物，应该支持”。

在这种形势下，1968 年 3 月，中科院在副院长陈伯达同意下，成立了“‘批判自然科学理论中资产阶级反动观点’毛泽东思想学习班”。学习班在成立伊始，便认为“爱因斯坦的相对论中的严重错误是目前阻碍自然科学前进的最大绊脚石之一”。1970 年 3 月，中央“文化大革命”小组组长陈伯达到北京大学召开集会，要求全面开展批判爱因斯坦和相对论的群众运动，甚至要求中小学生也参加进来。 在这种明确表态下，中科院革委会专门成立了“相对论批判办公室”和刊物编辑部。

那个时代为了避免受到运动的冲击，对政治号召选择盲从是多数人的做法，陆启铿为了跟上形势，开始翻阅家中的“相对论”书籍。由于同样的原因，当时被分配在一个办公室的吴文俊也在研究“相对论”。在他们看来，既然正在批判“相对论”，那么他们讨论广义相对论也是合理合法的。有了涉足相对论的名声，不久，数学所革委会就通知陆启铿去参加一个相对论的座谈会，参加的人大多是物理界的人士，其中包括周培源。会上，陆启铿总结自己最近的研究发现做了发言，他的发言充满书生气，提出了对爱因斯坦相对论的一个质疑：除了广义相对论外，引力理论还有一个 Brans-Dick 引力常数可变引力理论，把引力常数看作是一个标量而不是一个常数，变化率在（0.007—0.8）$\times 10^{-11}$/ 年，这与爱因斯坦的理论有冲突。而美国正计划发射的人造卫星，将对两种理论进行检验。

几天之后，数学所革委会命令陆启铿去旁听对李邦河[①]的批斗，接受教育，陆启铿并不了解情况，批斗会也听得稀里糊涂。会开到一半的时候，当时已经在“科学院革委会”的关肇直把他叫了出来，通知他中午十二点以前必须到科学院的“大批判组”报到。陆启铿不知出了什么事，

① 李邦河（1942- ），浙江乐清人，中科院院士。1965 年在中国科学技术大学毕业之后，长期在中科院数学研究所（中科院数学与统科学研究院）工作，主要从事微分拓扑、低维拓扑的量子不变量、非标准分析和广义函数等领域的研究。

惶恐地在指定时间以前赶到了科学院的“相对论批判办公室”。

批判组的组长是吴介之，著名物理学家吴大猷的侄子，曾是北京航空学院著名的红卫兵，当即宣布把陆启铿吸收进“大批判组”。陆启铿疑惑地问：“我自己是被改造对象，还能批判别人吗？”吴介之回答说：“批判的事你不要管，你只管把爱因斯坦用德文写的文章翻译成中文，交给我们看就可以了。”大批判组的副组长是从中国科技大学物理系调来的阎沐霖，其他成员还有郭汉英、戴元本以及天文台和第二机械工业部（主管核工业和核武器）的一些人。同一办公室的是中国科技大学的两位英文教师，负责翻译爱因斯坦的英文文章。

陆启铿很高兴，他又可以自由进出图书馆，把因“文化大革命”中断了一阵子的研究工作恢复起来。以他一贯严谨的治学态度，对这个翻译任务看得很认真，在理论物理这个新的领域的研究也有了新的深入。通过查阅、翻译有关相对论的文献，陆启铿发现爱因斯坦的狭义相对论所使用的时空概念是闵可夫斯基（Minkowski）平坦时空。而从数学典型域的理论来看，具有光速不变性并与匀速直线运动观测者无关的时空，应该是曲率为正常数及曲率为负常数的另外两种时空，即德西特（de Sitter）时空与反德西特时空。他就此写了一篇读书笔记，叫“为什么一定要Minkowski时空”，作为发现爱因斯坦相对论的歧义，交给组长。吴介之看了之后觉得陆启铿的学究气太重，打发他说，现在一个相对论还批判不过来，还要批判三种相对论吗？批判的事就拖了下来。

1970年8月23日，中共九届二中全会在庐山开幕。在这次会议上，陈伯达受到批判，被免去了包括中国科学院副院长的一切职务。“相对论批判组”受此影响被撤销，人员转到中国科学院物理研究所，成为物理所的“十三室”。任务也从政治、哲学角度对相对论的批判，改为以研究工作为主。吴介之以及中国科技大学来的老师都撤走了，军代表也不来了，名义上是由一个姓邵的女支部书记领导，实际上这时政治气氛相对宽松，可以自由进行一些研究。由此，陆启铿离开了工作二十年的数学所，来到物理所工作。

十三室分为了三个研究小组：引力理论小组，基本粒子小组和引力波实验小组。引力理论小组的成员有刘煜奋、郭汉英、邹振隆和陆启铿。其中，刘煜奋是空军首任司令员刘亚楼的儿子。

引力理论小组的研究工作进展颇快，在1974年，他们连续在《物理学报》上发表了三篇文章。[①] 这在受“文化大革命”的影响，几乎所有的理论研究工作都停顿的当时非同寻常，让科学院其他研究所及高校一些人很是羡慕。一些不是十三室的人，比如何祚庥、方励之、陈建生，以及当时还没有正式工作单位的许良英等，常常来他们这里做些交流。周培源、彭桓武、朱洪元等老一辈科学家也很关注十三室。

这四个年轻人最初的研究工作是用旋量分析方法研究引力波，即用Brans-Dick引力常数可变引力理论计算引力常数的变化率，他们研究热情高涨，常常为了尽快出结果而通宵达旦地计算。甚至有一天到深夜两点钟，邹振隆为自己计算的那一部分取得了结果，兴奋地跑到陆启铿家里，敲门把他叫醒！有时候在取得了一些进展或者计算论证完毕，周末他们会在陆启铿家聚餐，由郭汉英设法去买一瓶茅台酒来小酌，用以放松或者做个小小庆贺。从那时起，外界开始戏称他们是理论物理界的“四条汉子”（源自鲁迅对阳翰笙、田汉、夏衍、周扬四人的赞许）。

这时，华罗庚在哈佛大学的一个朋友西格尔教授给他寄来一篇文章，是从广义相对论出发讨论红移现象的，他把这篇文章转给陆启铿。陆启铿就和邹振隆、郭汉英[②] 一起讨论，尝试用德西特（de Sitter）空间的狭义相对论去解释红移。

---

① 三篇文章分别是:（1）陆启铿、刘煜奋、邹振隆、郭汉英：标量—张量引力波。《物理学报》，1974年第23卷第2期。（2）陆启铿、邹振隆、郭汉英：典型时空中的运动效应和宇观红移现象。《物理学报》，1974年，第23卷第4期。（3）郭汉英、吴咏时、李根道：广义相对论的旋量和复矢量形式。《物理学报》，1974年，第23卷第5期。此外，郭汉英等人当年还发表一篇相关论文，即：吴咏时、李根道、郭汉英：引力拉氏量和局部deSitter不变性。《科学通报》，1974年，第19卷第11期。

② 郭汉英（1939-2010），毕业于清华大学工程物理系核理论专业，中国科学院物理研究所研究员，博士生导师，先后从事核理论、粒子物理与场论、引力和相对论、天体物理、数学物理、计算数学与计算物理、金融风险、自然科学的方法论和哲学原理等方面的研究工作，在场论和数学物理等研究领域成果显著，两次获得国家自然科学二等奖。是郭沫若之子。见：郭汉英选集编委会:《郭汉英杂文选集》。南宁：广西师范大学出版社，2013年。

他们率先提出了典型时空，即德西特与反德西特空间相对论，充分地利用不变度量来讨论常曲率时空的运动效应和宇观红移。三十多年后，现代宇宙学的大量天文观察结果不仅表明我们所在宇宙是渐进德西特空间，并且验证了他们给出的德西特相对论正确地描述了时空的运动。由陆启铿等人开创的德西特相对论已成为相对论研究一个重要方向，该成果被理论物理学家评价为“留得下来”的工作。

经过几个月的计算，陆启铿等人整理完成他们的第四篇文章“典型时空中的运动效益和宇观红移现象”，发表在《物理学报》1974 年第 23 卷第 4 期上。文章用典型域的模型，研究狭义相对论成立的空间，发现除了闵可夫斯基空间之外，还有两个典型时空存在惯性系，使得相对性原理与光速不变原理成立，并且用其中一个曲率为负的典型时空来解释宇宙“红移现象”。所谓红移现象是从天文观测得到的现象，离地球越远的星体的光谱向红光谱偏移得越多，对这种现象最流行的解释是，宇宙是在 150 亿年前由一个奇点爆炸而成的，所以各星体向各个方向飞出去，越远的星体向地球后退的速度越快，也就是多普勒效应。这篇论文的观点是，如果宇宙是平直的闵可夫斯基空间，那么应该既没有红移，也没有紫移，如果宇宙是正曲率应该有紫移，如果宇宙是负曲率应该有红移，而“红移现象”的出现，说明我们的宇宙很可能是负曲率的。在他们之后，继续有人研究典型时空，发表过许多文章，直到九十年代末，国际上对德西特空间与反德西特空间的研究仍十分热门。

不料，这篇文章当时却引起了一场不小的争论。方励之[①]首先提出反对意见，认为这篇文章在物理模型上是错误的。第二个反对的人是谷超豪[②]，他认为在数学计算上也是错误的，叫沈纯理去找这篇文章中数学上

① 方励之（1936–2012），1952 年考入北京大学物理系。曾任中国科技大学副校长，在中国率先开展相对论天体物理及宇宙学研究。1972 年在《物理》杂志发表“关于标量—张量理论中含物质及黑体辐射的宇宙解”的论文，是中国进入相对论宇宙学研究领域的开端。中科院院士，后被除名。

② 谷超豪（1926–2012），数学家，复旦大学教授，中国科学院院士。1948 年浙江大学数学系毕业，历任复旦大学副校长、中国科学技术大学校长。撰有《数学物理方程》等专著。研究成果“规范场数学结构”、“非线性双曲型方程组和混合型偏微分方程的研究”、“经典规范场”分获全国科学大会奖、国家自然科学二等奖、三等奖、09 年度国家最高科技奖。见：张剑、段炼、周桂发:《一个共产党人的数学人生：谷超豪传》。北京：中国科学技术出版社，2014 年。

的错误。沈纯理报告说找不出错误，谷超豪只好另外写文章批判这篇文章，发表在上海人民出版社出版的《自然辩证法杂志》期刊上。①

由于方励之的坚持,《物理学报》的编辑组织了一个辩论会，彭桓武、胡宁、朱洪元等前辈科学家都参加了讨论，在整整辩论了一个上午之后，彭桓武仔细把文章验算完毕，这篇文章才得以发表。其实，周培源②也是支持这篇文章的，所以后来在普林斯顿高等研究所纪念爱因斯坦诞辰100周年征文时，周培源推荐了这篇文章的英文版。

规范场与纤维丛

陆启铿在理论物理领域最引以为自豪的成就是规范场与纤维丛的研究。他是对规范场的积分定义与纤维丛的关联性问题展开了深入研究的最早的中国科学家之一。陆启铿在七十年代开始这方面的研究，与杨振宁博士几次访华活动交织在一起。

杨振宁是华裔美籍科学家，有着特殊的出身背景。他的父亲杨武之（1896—1973）是著名数学家，在美国学成归国后，长期在清华大学任教，新中国成立后一直在复旦大学担任数学教授。他的岳父杜聿明，是国民党名将，蒋介石的得意门生，在作为战犯被特赦后，先后在大陆的政协、人大任职。他的岳母曹秀清，作为“成仁烈士”（误传）的遗属，在台湾长期得到台湾当局的奉养。这样一位名人，自然成为两岸竞相争取的统战对象，事实上，杨振宁早在成名前后，就与新中国政府建立了颇为密切的联系。

1971年4月，杨振宁偶然在报纸上看到一则通告，在美国护照上印有的美国公民不可随便去的共产主义国家名单里，把中国取消了。他马上向

① 陆启铿：一段难忘的记忆——纪念郭汉英同志。《科学文化评论》，2012年，第9卷第4期，第114-117页。

② 周培源（1902-1993），著名流体力学家、理论物理学家、教育家和社会活动家。中国科学院院士，曾任北京大学校长、中国科学院副院长等职。是我国近代力学奠基人和理论物理奠基人之一。主要从事流体力学中的湍流理论和广义相对论中的引力论的研究。

美国提出去中国探亲的申请，当时中美尚未建交，作为国际知名的物理学家要去中国访问，实属非比寻常之举，但在中美外交关系即将破冰之际，美国政府的反应也耐人寻味：同意杨振宁到中国去，但不能帮他拿到签证。就这样，1971 年 7 月，杨振宁绕道法国飞到上海，回到 26 年来魂牵梦系的祖国。

杨振宁在国内，除了与家人团聚，还去了合肥、北京和大寨等地参观，在北京大学、清华大学、复旦大学、中国科学院和一些工厂农村都留下了他的足迹。当时虽然还是在“文化大革命”期间，但高规格的接待，刻意的行程安排，加之他本人全无政治立场，让他感受更多的是对比 26 年前翻天覆地的变化。回到西方，立刻有许多地方请杨振宁去演讲，谈他的中国之行，他先后在美国以及欧洲的一些地方，陆续做演讲，而演讲的主调，无一不是盛赞新中国的建设。

作为第一个访问新中国的美籍华人科学家，杨振宁在整个七十年代曾经四次来华访问，在国际上引起很大反响，在他的影响下，先后有何炳棣、任之恭、王浩、陈省身、李政道、牛满江等一百多位美籍华人科学家来到祖国访问，打开了祖国与国际的科学交流之门。

每次杨振宁到国内访问，政府都非常重视，他先后得到毛泽东、周恩来的多次接见。而杨振宁也十分关注国内科技界现状，除了与国内的同行进行广泛交流，也对国内的科学发展提出不少有益建议。正如他所说：“我已拿定了主意，作为一名中国血统的美国科学家，我有责任帮助这两个与我休戚相关的国家，建立起一座了解和友谊的桥梁。我也感觉到，在中国的科学技术发展的道途中，我应该贡献一些力量。”①

在第二次访华得到周恩来接见时（人民大会堂新疆厅），杨振宁建议总理应采取更加注意基础科学的政策。周总理马上指示在座作陪的周培源进行落实，随即周培源写了一篇《我对高校理科教育革命的一些建议》的文章，呼吁重视基础理论研究，于 1972 年 10 月 6 日发表在《光明日报》上。杨振宁为中美学术合作与交流贡献出了重要的力量，周培源后来曾经

① 杨振东、杨存泉:《杨振宁谈读书与治学》。广州：暨南大学出版社，1998 年，第 49 页。

总结道："杨振宁教授是一位热爱祖国的科学家。他是第一个回祖国访问的外籍科学家，在这点上没有任何一个外籍科学家能和杨振宁教授相比。之后，他几乎年年回国，每一次都给我们提供了许多建议。他是祖国忠实的儿子，是一个爱国主义者。"①

杨振宁在国内把更多的时间用在开展学术活动上。他向当时相对闭塞的中国同行们介绍了国外最新的物理学进展，系统地展示了自己在物理学领域取得的成就，包括"杨—米尔斯方程"、"弱相互作用中宇称不守恒"、"杨—巴克斯特方程"，对自己在"非阿贝耳规范场"理论上的开辟性工作做了深入阐述。

在与国内同行互动的同时，他对国内当时科研水平也有所了解。在惊叹国内科学家们雄厚的理论基础和研究能力，以及对现代物理学问题的深入了解之余，杨振宁开始了与中国科学家的长期合作。这在他与谷超豪的合作中可以得到印证，两人在规范场的数学结构上取得多项成果并联合发表了论文。

杨振宁在北京的学术活动最初由周培源负责接待，包括主持学术座谈会。在当时的历史条件下，参会人员都要经过严格遴选，由于中科院物理所十三室在学术上的活跃，陆启铿得以多次参会。在杨振宁第一次访华期间，安排陆启铿做了关于国内物理学方面工作的报告。报告主要介绍他和邹振隆、郭汉英、刘煜奋合作的关于用旋量分析解引力波方程的工作，报告结束，杨振宁表示，引力波的探讨比较适合中国的情况，因为投入不多，而有意义。这是陆启铿第一次结识杨振宁。

1972 年杨振宁第二次访华期间，在北京大学做了题目是"规范场的积分定义"的报告，参会人员有数百人，其中就有吴文俊和陆启铿。由于陆启铿事前得到报告讲稿原文，并受命翻译成中文上报，因此在会前对报告内容已经深刻理解。杨振宁的报告主要论述规范场的数学结构，并顺便提到："国际上有种理论预言规范场可能与纤维丛有关，我还未开展这方面研究。"杨振宁的提法对在数学领域造诣颇深的陆启铿产生触动，他希望能

① 杨振东、杨存泉:《杨振宁谈读书与治学》。广州：暨南大学出版社，1998 年，第 65 页。

对这个可能存在的关联性进行求证，为一个待解的问题找到答案。

陆启铿一回到十三室，就开始为规范场的积分定义与纤维丛的关联性问题展开了深入的研究，他翻阅了大量资料，通过仔细证明，在不长的时间里陆续得到成果。为此，陆启铿还专门给杨振宁去信，求证关于“规范场与纤维丛的关系”自己的解答的正确性。

由定域规范变换下不变性所要求存在的场，称为规范场（gauge field）。在五十年代，发现的粒子越来越多，粒子间的相互作用也显得越来越纷繁，为了建立更普遍的导致相互作用的具有定域不变性的理论，在 1954 年，杨振宁和米尔斯（R.L. Mills，1927—1999）提出了“杨—米尔斯方程”，目的是把四种已知的相互作用——电磁相互作用、弱相互作用、强相互作用和引力相互作用，都用规范变换的对称原理推导出来，这就是杨振宁的规范场理论。它开辟了非阿贝耳规范场的新研究领域，为现代规范场理论打下了基础。

“纤维丛”是拓扑学中的一种理论。把微分流形及以其上每点为原点的线性独立的切向量组全体总括在一起得到纤维丛的概念，在李群及齐性空间、覆盖空间及一般的向量丛等数学方向上都有应用。现在我们知道，利用纤维丛理论和联络几何学，能给出作为统一电磁场与相互作用场的规范场论的一个几何模型。

为了找出纤维丛理论与规范场的联系，陆启铿决定先从纤维丛理论入手。

陆启铿曾在初入数学所听吴文俊的系列报告的时候接触过纤维丛的知识，并且在 1959 年做过纤维丛联络论的工作。这次，他首先阅读了斯廷罗德（N. Steenrod）写的经典著作《纤维丛拓扑学》（1950 年），但这本书着重研究纤维丛的拓扑，也就是说以连续性为主，相当多的篇幅讨论的是同伦群，并没有用到微分，很少涉及微分流形与微分几何，在这本书里并没有得到预想的收获。

接着，陆启铿开始研究李希纳罗维兹（A. Lichnerowicz）的著作《联络的大范围理论与和乐群》（*Global Theory of Connection and Holonomy Groups Leyden*，1955），这本书讨论的是微分流形上的纤维丛，与微分几何有密切的关系。根据李希纳罗维兹书上对联络的定义，陆启铿经过认真演绎和推理，最后确定规范场论就是纤维丛上的联络论。对比杨振宁报告中提到的规范场“积分方法”定义及内山（R. Utiyamad）的推广，则是李希纳罗维兹的联络定义中，当结构群是矩阵李群的特殊情形。当规范场（联络）是黎曼流形的黎曼联络时，平行移动本身就是一个规范场。

根据这样的观点，陆启铿在1972年，率先指出了规范理论和纤维丛联络论之间的联系，证明了物理上“积分方法”定义的规范场等价于数学上沿一条曲线的平行移动，明确给出规范理论中的物理名词与纤维丛联络论中的数学名词的对应关系。陆启铿用李群的指数映照证明了，即使是一般联络的规范场，也是等价于沿一曲线的平行移动。这是因为最一般的联络定义可以把丛空间的切空间连续地分解为水平子空间与垂直子空间，于是可以在上面定义平行移动。若所沿的曲线是一条闭曲线，则可用微分几何的和乐群进行解释，把和乐群也引入到物理概念里。简单来说，规范场就是联络，规范场的积分定义相当于用平行移动来定义的联络。

陆启铿列举出规范场与纤维丛两者相对应的关系，为规范场建立了新的数学结构。他用局部坐标来表示非线性联络，给出了相应的数学公式，使之可计算和应用。他和合作者应用这一理论提出了协变的延拓结构方法，用以研究非线性可积系统，也应用于理论物理规范场论的大范围性质的研究，两项成果的完成者分别被国外同行称为“Chinese school”与“Beijing group”。这样纤维丛上的联络的内涵就扩展到物理领域，而规范场的研究也得到了现代微分几何这一强大的应用工具。这是陆启铿在数学物理方面的一个重要成果。

为了让自己的成果能为更多人了解，陆启铿组织了专门的讨论班，与同事们一起探讨规范场的积分定义与纤维丛的关联性问题。

为此，陆启铿亲自手写了一份《纤维丛与规范场》的讲义，讲义从介绍具备微分流形、李群的基本知识开始，把流形定义为很多块欧氏空间的开集以某种方式连接起来，而连接的方式就确定这是什么样的流形。

同样，纤维丛就是这些小块与一李群的拓扑乘积，通过李群以某种方式连接起来。这些连接的方式，数学上叫连接函数（transition function），物理上叫作规范变换（gauge transformation）。

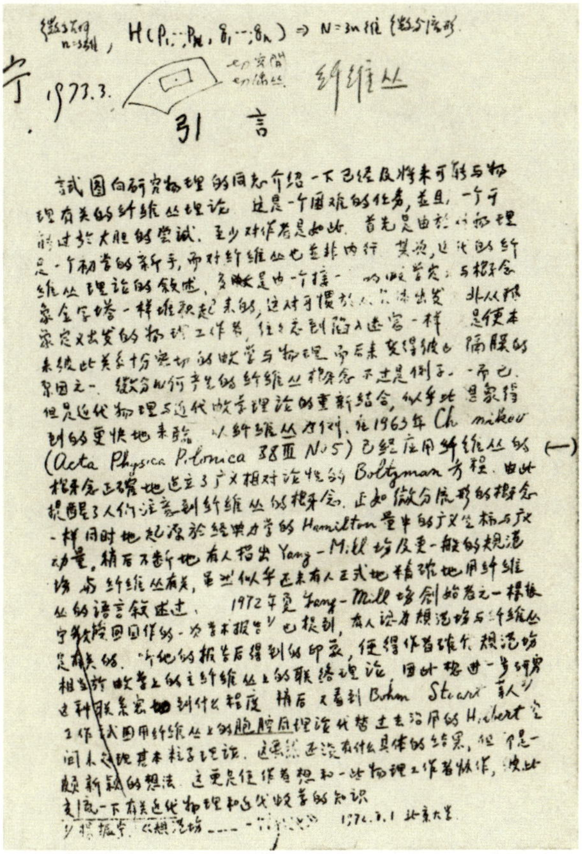
纤维丛

1973.3.

引　言

图 6–1 《纤维丛与规范场》讲义首页
（资料来源：陆启铿提供）

讲义里用图形与例子加以说明，然后引进联络所需的各种概念，把它们的数学名称与物理的名称的对应，把纤维丛和规范场有机统一起来。那时十三室的同事来自四面八方，研究背景也不相同，有的是研究物理的、有的是研究天文学的、也有研究数学的，大多是年轻人，对新颖的课题有很高热情，都踊跃参加讨论班。讨论班办的效果很好，把高能所、天文台、北大、中山大学和西北大学的研究人员也吸引过来，引起了国内物理界不少人对现代规范场论的兴趣。

随后，陆启铿把讲义进行了整理，并请吴文俊先生过目，保证数学演绎的正确，写成了两篇文章。一篇是“规范场与主纤维丛上的联络”，1974 年 7 月刊登于新复刊的《物理学报》上。另一篇文章投到刚复刊的《科学通报》，因故未能刊登。

1974 年，杨振宁回国时专程在中科院化学所听取陆启铿关于“纤维丛”的报告，报告的主旨是把新的数学概念与新的物理概念联系起来，用“纤维丛”理论对“杨—米尔斯”场论进行推广，从而指出存在比矩阵李群更广的规范场的可能性。

1975年，杨振宁与谷超豪联合在《物理评论》(*Physics Review*)发表的论文“规范场理论的若干问题”中，也提出了“规范场的概念实则上和微分几何中纤维丛上的联络等价”的观点，可以说与陆启铿的研究成果不谋而合。

在此之后，不少世界上第一流的数学家和物理学家用现代微分几何的方法去研究规范场，开始了规范场研究的新纪元。物理学因引进数学上的联络关系而拓宽了领域，数学则因规范场的反弹力而得到新的发展。

1980年，杨振宁在“今日物理”的一篇文章中谈道：“只是到了近年，物理学家才懂得规范场和纤维丛上的联络这个几何概念有密切关系。”于1983年，他进一步解释说：纤维丛中可以“把一个完整的流形切开，再巧妙地接起来，天衣无缝地归还原形。我在1975年懂了此中奥妙以后，真有叹为观止之感”。[①] 而国际上以阿蒂亚（Sir M. F. Atiyah，1929—）为首的规范场研究，使得数学有了重大的突破，在1990年获得菲尔兹奖（Fiedls Medal）[②] 的四位数学家中，与此有关的至少有三人。

不幸的是，在以后的时间里，由于各种人为的因素，陆启铿不得不中断在理论物理领域的继续开拓。但是，规范场与数学中的主纤维丛的联络这一重要问题上，陆启铿作为一个数学物理学家作出的重要贡献得到不少科学家的认可，在1978年，我国著名物理学家钱三强曾在党校的一次讲演中，称赞陆启铿在该领域中做了领先的工作。1990年我国高科技中心的一次学术报告会上，物理学家侯伯宇就在规范场理论中引入纤维丛的概念，评价说“奠基人是陆启铿”。[③]

---

① 杨振宁:《读书教学四十年》。北京：三联书店，1987年，第100页。

② 菲尔兹奖是以加拿大数学家、教育家菲尔兹（J. C. Fields，1863-1932）的姓氏命名的。1936年首次在国际数学家大会上颁发。自1950年起每隔四年才召开一次的国际数学家大会上隆重颁发给2-4名遴选出来的年轻不超过40岁的数学家。它是由国际数学联合会执委会聘任的权威数学家组成的评委会，从全世界的第一流青年数学家中评选出获奖人。对青年数学家来说，菲尔兹奖是世界上最高的国际数学奖。见：李心灿:《当代数学大师》(第四版)。北京：高等教育出版社，2013年，第324-325页。

③ 周发勤：陆启铿传。见:《中国现代科学家传记(第二集)》。北京：科学出版社，1991年，第126页。

第七章
多事之秋的苦乐

60 年代末，中国的政治运动达到高潮。变幻的政治风云中，个人显得渺小而无能为力，常被裹挟着，有时侥幸独善其身，有时莫名卷入漩涡，作为那个时代的一份子，陆启铿也几经沉浮。

喜结连理

到了 60 年代，陆启铿已经三十四五岁了，仍然是孑然一身。一方面，他潜心学术研究，业余时间都是在办公室、图书馆里度过，根本无暇他顾。另一方面，由于身有残疾，他也不希望拖累别人。他自己虽然对此不以为意，周围的人却难免为他着急，纷纷劝他说，夫妻相互扶持，对做学问百利无害。陆启铿听了之后，心里暗暗也有些心动。不想，机会说来就来了。

陆启铿有个大学同学，也是他的入团介绍人叫洪斯溢，大学没毕业就选调到团中央工作，后来分配到抚顺煤矿工作一段时间，之后被调到北京，在科学院天文台工作（曾任国家天文台副台长）。洪斯溢的夫人王若叶是中学老师，她发现同事张木兰与陆启铿很是般配，便动心思希望撮合他们两个，成就一桩美事。

张木兰，生于1931年，江苏人。父亲张仁序传统而开明，有从政和办学经历。新中国成立后，因曾在国民政府任职，"三反五反"时被以"反革命罪"判刑十二年，于1957年提前释放。姑姑张静秋是著名史学家顾颉刚先生的夫人。

在王若叶的安排下，陆启铿见到了张木兰。一见之下，两个人都被对方所吸引，很自然地产生了一种惺惺相惜的感觉。1962年，两人喜结连理，陆启铿和张木兰在数学所举行了一场简朴的婚礼，华罗庚还亲自到场祝贺。从此，两个肢体有残缺的青年人，拥有了一个完美的家庭。

图7-1 陆启铿和张木兰结婚照（1962年。资料来源：陆启铿提供）

张木兰早年就读于南京中央大学附属中学，自幼因为身患小儿麻痹，行走不便。1950年，张木兰刚上完高中二年级，抗美援朝战争爆发，当时国内人才奇缺，她在组织动员下参加了工作，前往位于南京的华东干部子弟学校教书，从此开始了自己的从教生涯。说起来，张木兰这时还是个半大的孩子，班里的学生一半比她大，一半比她小。尽管这样，学生们还是很喜欢这个小老师。1952年，因教学工作出色，经过选拔张木兰考取了南京师范学院（现南京师范大学）。1955年，张木兰大学毕业，经国家分配来到北京，先是在东郊十七中，后来一直在北京第五十六中教授数学。

北京第五十六中是新建的学校，学生年龄差别很大，学习成绩也参差不齐，为了让学生满足高中毕业、参加高考的要求，只能在讲中学课程的同时，还要补习小学的基础知识，这成为当时一个很奇怪的现象。1957年全市抽查考试，五十六中的成绩排在西城区倒数第四名。

张木兰在学校担任全校教研组长，为了改变这种状况，她从全面提升教学质量入手，开展了当时流行的“比学赶帮超”活动。他们把男四中和三十一中作为榜样，每周抽两个半天去这两所学校听课，回来之后集体讨论修改教案、教法，整体提高教师的水平；要求每个老师都必须完成所有的习题，提前准备好两周以上的备用教案，为教学做好充分的准备；同时，根据学生的具体特点为每个人制作“病历”，对症补漏。

张木兰每天去学校要蹒跚着赶十几里路，但她并不在意这点辛劳，经过废寝忘食的努力，终于迎来了学校的新面貌。到了 1959 年的全市统考，高二的立体几何排到了西城区第一名，而她教的高一平面几何的平均成绩位列西城区第二名，比男四中还高了 0.02 分。在北京市 1964 年和 1965 年两届数学竞赛中，一等奖六个名次中居然有三个是张木兰所带班级的学生。在全体老师的共同努力下，西城五十六中成为后进赶先进的典型。在北京市 1960 年先进科学教育卫生体育先进工作者大会上，学校被评为“先进集体”，而她本人被评为“先进工作者”，全市“三八红旗手”，并被选为这一届北京市的劳模。

1966 年“文化大革命”开始后，学校里全面停课，每天除了搞运动就

图 7–2　计算机科学研究室开会（后排右一为陆启铿，前排右一为张木兰）（1976 年。资料来源：陆启铿提供）

是“学军学农”，教师无所事事。张木兰的出身不好，运动一来只能靠边站，不能继续带学生，她自己对运动既不理解也无兴趣，“学军学农”更是力不从心，加上家中有实际困难，她就考虑调到离丈夫近些的单位。

由于夫妻两个平时忙于事业，很少有余力照顾孩子，儿子从两岁起就被送到幼儿园全托。“文化大革命”期间，孩子在中关村一小上小学，因为学校教室紧张实行“半天制”，今天上午、明天下午每天只上半天课，课余时间孩子们只能结群四处游荡，陆启铿夫妇看在眼里只能苦在心头。

调动的事提出来了，数学所那边陆汝钤也乐于接收，但却卡在五十六中了，这时候学校已经开始复课，不希望把有经验的教师放走。虽然陆启铿当时已经离开了数学所，被借调到理论物理所，但所里出于对他们夫妻的照顾和关心，只好派人到学校游说。最终，张木兰离开了五十六中。

图 7–3 陆启铿和夫人在顾颉刚家中（左起依次为：张木兰、陆启铿、陆启铿岳母、顾颉刚儿子、顾颉刚）（1964 年。资料来源：陆启铿提供）

张木兰调到数学所计算室，主要从事计算机普及的工作，在工作上兢兢业业，有时还主动要求上夜班或是节假日加班，在同事中间人缘很好。余下的时间全部用来照顾陆启铿的生活和教育子女，对陆启铿的工作支持很大。张木兰在数学所一直工作到退休。

在张木兰眼中，自己的丈夫除了学问广博、事业有成之外，还有古道心肠的热情，但太过坚持原则有时甚至到了迂腐的程度。

在五十年代，中苏关系还很好，有个苏联博士生因为论文怎么也做不出来，没法毕业。在读了陆启铿的论文后，发现和他的研究方向相近，便来信向陆启铿求教，陆启铿马上复信解答了他的问题。之后，经过几次书信往来，在陆启铿认真、耐心的指导下，这个学生很快就完成了论文，取得学位。

到了 1960 年以后，这个学生升了副系主任后，还曾邀请陆启铿去苏联开会，但这时中苏关系已经恶化，自然没能成行。但他一直记着这份师生情谊，在三年自然灾害困难时期，知道中国那时吃饭都成问题，便从苏联寄来大包类似炒面之类的快餐食品。陆启铿在去邮局取东西时，才知道还要交税和手续费，一共七十块，他那时一个月工资才 100 多块，实在承受不起，之后只有敬谢不敏了。

陆启铿因张木兰的关系，与顾颉刚过从甚密。那时顾颉刚政治上有压力，陆启铿就设法多方聊天、安慰，虽然两人研究领域相差甚远，倒也相聊甚欢。到了“文化大革命”，顾颉刚受到迫害，被抄了家，每月夫妻两人只发 30 块钱的生活费，日子过得异常拮据，陆启铿便经常尽力做些接济。

和睦的家庭

陆启铿的家庭格外幸福美满。他们夫妇育有一子一女，都学成、自立。

儿子陆国光，1964 年 8 月 22 日生，毕业于北京农业大学，1989 年到瑞典攻读生化博士，毕业后曾在瑞典龙德（Lund）大学任副教授。后因压力太大、生病辞职。2012 年移民到美国，当大货车司机。

女儿陆缨，1968 年 1 月 11 日出生，毕业于北京计算机学院（后并入北京工业大学），1989 年去美国韦恩州立大学读计算机硕士，毕业后留在美国，从事计算机软件工程师的工作。

在孩子们的脑海里，父亲呈现的是严谨认真、头脑清晰，但又不失风趣幽默的形象。早些时候，夫妻两人忙于事业，无暇对儿女有更多的关照，两个孩子两岁起就被送到幼儿园长托。好在那时数学所的研究人员的家庭多是如此，孩子们并没有觉得受到冷落，反而从小培养起自立自强的生活习惯。在孩子们的印象里，父亲总是很忙，白天忙着上班，晚上回到家里也是经常开夜车，不是伏案疾书，就是沉思考虑问题。但陆启铿并没有因为自己工作的紧张而放松对子女的教育，他认为对孩子教育最重要的是言传身教，身教重于言传。除了给孩子做出表率，只要有余暇时间，他就尽量多陪陪孩子，给孩子们讲些故事，阐述些做人、做事的道理。陆启铿常说自己是科学家，做事最讲究科学，而且只相信科学，任何事情都要用科学的方法分析解决。

陆启铿不仅在做学问时始终保持严谨的治学态度，生活上也是如此。有时张木兰加班回不了家，陆启铿只能自己做饭。那个时候没有电饭锅，是用烧煤的炉子煮饭，每次陆启铿都会精确的量出几杯米，几杯水倒在饭锅里，然后规定水烧开了要焖多长时间，一分不能多，一分不能少。如果孩子等不及，时间少了或者超过了，他就会皱着眉说，不科学，不仔细，不认真办不好事。

陆启铿作为一个数学家，对数字极其敏感，毫厘之差也不能逃过他的眼睛。他每周会让女儿帮他买烟，都是给整张的票子。有一次女儿一路小跑到中关村四十楼的水果店，正碰上人多，排了好长的队才买到烟，又是夏天，天热口渴人乏，犹豫了许久，用三分钱买了一根冰棍，赶快在回家前吃掉，希望能侥幸蒙混了事。回到家里，把烟和一团找回的零钱交到父亲手里，陆启铿一眼之下就觉得有些异样，又掉过头来数了一遍，发现确实少了三分钱。女儿只好红着脸承认忍不住买了个冰棍。陆启铿马上说，爸爸并不

图 7-4　八十年代的陆启铿（资料来源：陆启铿提供）

反对你偶尔解解馋，但要如实说，爸爸是搞数学的，最讲分毫不差，而且差之毫厘，失之千里。

陆启铿自幼残疾，伴随他一生的人生准则就是要自立自强。只要是他自己的事，能靠自己完成，从不麻烦别人。他早年是倚着双拐跑来跑去，后来女儿给他买了电动车，到八十高龄了，还开车上班、买菜。

陆启铿对子女的教育也是要求他们自立自强。孩子上高中时，电视里播放动物世界，有一期讲狼的故事，小狼长到稍大，狼爸爸会把他们从窝里叼到野外，强迫狼孩子远离父母。孩子看了不太理解，觉得多少有些残忍。陆启铿就说，我也是你们的狼爸爸，等你们长到十八岁，都要离开家，自食其力；不走我会赶你们走；人这一生要靠自己的能力和双手创造生活，自立的生活才最惬意。

虽然陆启铿在国外学界交游甚广，但从来没有为自己的子女做过一次推荐，而且反对他们学习数学，既是感觉搞数学太辛苦不易出成果，又是担心他们在父亲的羽翼下难有大的成就。后来孩子们都是靠自己的能力出国留学，丝毫没有借助父亲的影响力。

陆启铿的家里常年养着一只猫，多由孩子们照看，其中的一个原因就是培养孩子做人要有爱心和责任感。陆启铿自己是残疾人，他一直认为受的社会关爱很多，常怀感恩之心觉得无以回报。他希望孩子们做事不只为自己着想，也能设身处地的为他人着想。

图 7-5　陆启铿和儿子在圆明园（1969 年。资料来源：陆启铿提供）

陆启铿并不是一个缺少生活情趣的人，工作之外表现的更多的是多才多艺和幽默风趣的一面。他从小就喜欢听广东评书而且记忆力甚佳，《三国演义》《水浒传》都耳熟能详。他曾和女儿开玩笑说，小时候他的第一个人生志愿，就是长大当说书先生。他给孩子们讲故事，像《三国演义》《金银岛》之类，也是说书的风格，声音抑扬顿挫（虽然普通话很差），常把孩子逗得哈哈大笑。陆启铿喜爱古典音乐，少年时家境虽然不好，但还是受到了较系统的新式教育，他在高中时曾有机会学习钢琴。儿子陆国光深受他的影响，从小自学吹口琴，到了大学，弹吉他、弹电子琴、学作曲，还当了他们系里歌唱团的指挥。

图 7-6　陆启铿一家在圆明园（1984 年。资料来源：陆启铿提供）

陆启铿家中藏书极其丰富。张木兰曾对孩子说过，家里唯一值钱的财产就是整柜子的藏书，尽管有人不以为然，但这是将来家里留给你们最宝贵的财富。陆启铿自己也博览群书，而且范围很广，二战历史、各类人物传记、科普读物、金庸小说……无所不包。

在孩子们眼中，陆启铿就是学识渊博的偶像，每每讲到任何古今中外的大事，都会津津乐道去究其原因、预测结果，常有一番独特见解。孩子稍大，他就把他们当成大人，一起探讨世界大事、国家大事，讲道理、探缘由，甚至为一个观点，大人、小孩争论不休，也因此从小就培养了孩子们独立思考的能力。

陆启铿的象棋也下得不错，连华罗庚都不是他的对手。后来华老不服气，请来国手教训陆启铿，大胜三盘之后才享受了复仇之乐。陆启铿曾自嘲，当年在数学所搞研究虽有不及，但下起象棋来绝对是老大第一。

最出乎孩子们意料的是，陆启铿居然会游泳，而且能够横渡昆明湖。为了锻炼男孩子的毅力，儿子很小就被陆启铿带着去游泳。他还是不错的教练，几年过去儿子居然被选拔到了北京体校的游泳队。

张木兰身体不好，心动过缓，陆启铿退休之后就把老伴儿的全部家务接手过来，直至去世之前，每周末都去超市采购食物、生活用品等，其乐融融。

“特嫌”

1966 年，正当国民经济的调整基本完成，国家各个领域稳定发展之际，“文化大革命”爆发了。1967 年 1 月，成立“中国科学院革命造反派联合夺权委员会”[①]，“造反派”全面夺权，原有的领导体制和运行模式被彻底打碎，除了部分为国防领域服务的部门尚能运转外，科学院及所属研究所全部投入到运动中，科学研究工作处于停摆状态。“文化大革命”开始后，数学所的科研人员也被迫卷入“阶级斗争”、“路线斗争”，全天候的政治学习与“大批判”，研究工作全面陷入停顿。数学所首先受到冲击的就是华罗庚。这时华罗庚主要是在中国科技大学工作，运动一开始他就被“揪”到数学所批斗，期间华罗庚的家也被抄了[②]。在中央高层的干预下，华罗庚幸运地被保护起来。他开始把研究方向转向应用科学，很快他的“统筹法”、“优选法”就横空出世。“文化大革命”余下的岁月里，华罗庚把全部精力放在走遍全国各地开展科学普及，在涉及国民经济各个领域推广“双法”上了。

其他人就没有这么幸运了。中国数学界的一代宗师，公认的中国现代数学先驱熊庆来先生，在运动中饱受欺凌。“造反派”对一个风烛残年的老人毫不手软，当面撕去他胸前的像章进行羞辱，每天老人都撑起半残的身体，认真撰写对自己的深刻“批判”。1969 年 2 月老先生抱恨离世。理论物理学家张宗燧，在运动中受冲击后，怀着巨大的精神痛苦自尽。

---

① 1967 年 1 月 20 日《人民日报》发表社论支持上海的夺权后，1 月 24 日，中国科学院（京区）革命造反派联合夺权委员会成立并进行了夺权。

② 王元:《华罗庚》。北京：开明出版社，1994 年，第 282−287 页。

吴新谋，一个新中国成立前旅法就入党的并不多见的党员学者，连同张素诚、叶述武则因对数学发展方向有不同看法，这时也被作为数学所“三家村”而被“揪”出来，戴上了“反党”的帽子。就连不闻世事的陈景润，也作为“走白专修正主义道路”的典型而遭到批判。

“文化大革命”造成数学所学术活动第二次停滞，所里副研究员以上的学者大多被当作资产阶级知识分子，受到不同程度的冲击，有的甚至被抄家。他们每天必须来上班，待在指定的办公室里，参加政治学习，对曾经从事的“资产阶级反动学术研究”进行检讨和揭批。除了接受洗心革面的“改造”，是不能和“革命群众”一起参加运动的，图书馆更不能去，如果被人发现就会被戴上“走白专道路”、“崇洋媚外”的帽子。有一位叫许海津的副研究员，就因为被人发现去图书馆查文献，第二天就遭到了大会批斗。

运动之初，陆启铿还抱有幻想，以为这是一场群众运动，可以对科研体制上的一些问题提下自己看法，对自己受到的政治上的一些不公待遇做下申述。但随着运动的白热化，陆启铿作为华罗庚主要的学生，也被“造反派”揪出来，编写对华罗庚的批判稿。想着自己恩师曾经的谆谆教诲，他内心极其痛苦。尤其在他得知张宗燧的死讯之后，震惊之余，他醒悟到这种运动绝不是他所能理解的，还是避祸保身为上。

虽然张宗燧研究的色散关系是当时理论物理界最前沿的问题，但在“文化大革命”中并没有逃脱运动的冲击。他作为一名严谨的完美主义者，因坚持自己的思想而屡遭批评，受到极不公正的对待，自尊心被极度刺伤，愤而自杀。每每谈到张宗燧，陆启铿总会提及一件事：1969 年夏天，陆启铿在上班的路上遇见张宗燧，见他穿了一件冬天的大衣，上班去劳动（打扫卫生），很是奇怪，便问：“张先生，天气那么热，为什么还穿大衣？”他说：“陆启（铿）啊陆启（铿），我快要死了！”陆启铿大吃一惊，正想问“你得了什么病，如此严重”，但后面来了一些小孩，向张宗燧投掷小石头，口里还骂着难听的话，有的石头落在陆启铿身上。陆启铿不敢多谈，赶紧离开，以后上班也尽量绕路而走，有意避开他以免受袭。过了一段时间以后，数学所造反派宣布“张宗燧畏罪自杀”。陆启铿听后，心情十分沉重、内疚，此后，心中一直留有阴影。总认为，如果自己当时能和张先生多谈一会儿，了解他的话的真实意思，并且加以劝导，比方说一些“留得青山在，不怕没柴烧”之类的话，也许悲剧不致于发生。[①]

陆启铿在运动中虽然没有受到大的冲击，但身上背负着没下结论的“特嫌”负担，终日也是在胆战心惊中度过。在这样的氛围下，科学研究是不能搞了，参加运动也要谨小慎微。借着批判“相对论”的机会，陆启铿则离开了数学所。

来到计算站

“文化大革命”期间，科技界曾有一个短暂的复苏时期。1973 年邓小平同志第二次复出，面对千疮百孔的国民经济，他在 1974 年提出“全面整顿”的号召，把发展国民经济放在首要战略地位。到 1975 年初，周恩来总理在第四届全国人民代表大会第一次会议的政府工作报告中，重提“实现四个现代化”的目标，国内经济建设的调整达到一个高潮，这期间国内各个行业的正常秩序都有所恢复。中科院也不例外，中央派出胡耀邦同志主持科学院工作，提出“科学院要以科研工作为中心，政治思想工作要服从和服务于中心工作，把科研工作搞上去，搞业务的台风要刮起来”。并在最短时间里，完成起草《科学院工作汇报提纲》，科学界呈现咋寒还暖局面。陆启铿在理论物理领域的一些成果就是在这个阶段取得的。

好景不长，在触及对“文化大革命”的评价时，一场新的政治运动又来临了。1975 年底，开始“批邓，反击右倾翻案风”运动，刚刚使国民经济出现起色的整顿中断了。科学院一些人闻风而动，接连向中央反映整顿以来的“问题”，很快胡耀邦等人被停职，科学院的运动再次升温。

由于个别人搞小动作，物理所十三室这时也成为灾区，罪状包括十三

① 陆启铿：一位诚实的科学家——怀念张宗燧先生。《科学时报》，2005 年 12 月 6 日。

室是"藏龙卧虎"的地方（随时准备翻案），是"裴多菲俱乐部"（自由主义），"打着批判相对论的旗号，行反批判之举"（运用国外权威的研究方法）。于是科学院派出工作组指导十三室开展运动。工作组的办法无非是"事出有因，追查实据"，把全体人员集中起来开会，从早上八点开始，到晚上十点结束，除了学习"反复辟回潮"有关文件，还要大家交代问题（却不指出具体问题），搞人人过关。

大概是因为这时候需要权威的声音，工作组希望郭沫若能站到反击右倾翻案风的前沿，但恰好郭沫若正在病中，就希望能在郭汉英身上找些有用资料，他竟成了被"照顾对象"，重点要求交代问题。

陆启铿在运动中也受到冲击，说起来是几篇文章引起的。一个是陆启铿、邹振龙、郭汉英合写的"典型时空中的运动学效应和宇观红移现象"，在理论界曾引起争论，但是周培源很欣赏，而周培源正作为翻案的典型被批判，这就难免伤及无辜了。还有就是陆启铿在纤维丛与规范场理论上的成果，当时不能被物理界所有人接受，难免有质疑的声音。而陆启铿等四个人所写的"以旋量分析研究 Brans-Dick 理论"，被人作为批邓时举出的具体反面例子，发表在《自然辩证法杂志》上，这也成为一条罪状。几件事情加起来，无非是学术上的一些争论，想上升到意识形态高度也不太容易，这样翻来覆去最后也没一个结果。

好在十三室平时就非常团结，大家又有多次运动的经验，这时就要求举出具体事实，不能光扣帽子，工作组没有更好的办法，反击右倾翻案风的揭批会整整开了一个月，也没有开出个所以然，反倒把所有人弄得精疲力尽。工作组只好宣布暂时撤退，不作结论，但宣布十三室要停产（即停止研究工作）整顿，以观后效，还把十三室一部分人被送去"干校"劳动，其中就包括戴元本。

研究所的工作停顿了，陆启铿无所事事，百无聊赖中为了不让自己的大脑闲下来，陆启铿开始对计算机产生兴趣。那时，中国和西方的关系开始松动，陆续进口了部分国外先进的设备。物理所也从日本进口了一套小型计算机，以现在的眼光来看，这套设备相当原始，每秒运算只有几千次，但在当时已经足以让研究人员们趋之若鹜了。

陆启铿在杂志上曾看到一篇介绍美国科学家金纳斯利（Kinnersley）的文章，他是把计算机作为工具，用旋量分析来解广义相对论的场方程。陆启铿由此联想到，可否把计算机的功能进行扩展，除了能做数值计算之外，还能做一些公式运算。

陆启铿想到做到，又开始研究起计算机的应用。他从 Basic 程序语言开始学起，开始编写一些计算题，送到计算机机房。因为需要计算的人很多，想得到结果至少需要一天，但毕竟是新生事物，每次拿到正确的结果都很兴奋。很快，陆启铿就初步掌握了小型机编程方法，开始编制公式运算的程序。

这种全新的应用程序，需要编程人员亲自上机进行调试，反复修改才能完成，但当时计算机管理非常严格（负责人是郝柏林），不是每个人都能随便操作，必须由机房统一安排机时，由专门的操作人员输入程序，而且机时很紧张，只能排队等待。这样，编程的工作缓慢，陆启铿很是苦恼。

恰好这时听说数学所也购置了一台计算机，陆启铿便打定主意要调回数学所，想那里毕竟熟人熟地，做起事情可以方便些。

他向十三室支部书记提出要回数学所工作，但得到的回答是“你的问题还没有弄清楚，不能走”。以后，陆启铿又三番五次去找领导，答复总是一样，至于到底有什么问题，谁也说不清楚。无奈之下，他只能找到数学所，希望从数学所得到调令，但数学所也因为十三室的问题没下结论，不好轻易接收。

在陆启铿一筹莫展的时候，时任数学所计算站主任的陆汝钤（1935— ）不顾压力收留了他。这样，陆启铿在 1976 年初，离开了工作六年的物理所十三室，又回到中科院数学所。

陆启铿和陆汝钤在数学所就有渊源。最初数学分析室的室主任是吴新谋，下设单复变函数论组和多复变函数论组，单复变函数论的带头人是熊庆来，多复变函数的带头人华罗庚，由陆启铿负责这个组。陆汝钤 1959 年毕业时，考虑他的大学毕业论文方向是多复变函数论，就分配在陆启铿的组里，这时多复变组成员只有陆启铿、许以超和陆汝钤。

陆汝钤来到数学所后，首先在陆启铿指导下从基础抓起，用很多时间和精力研读陆启铿编写的讲义。从第二年开始，由陆启铿明确了他的研究方向：在非对称的可积域上建立调和函数理论。当时一位法国数学家提出一个猜想：凡是可递域必然是对称的。而在1960年一位苏联年轻数学家举出了反例，否定了这个猜想，证明存在非对称的可递域。研究这种可递域的性质，有一项很重要的工作就是在可积域上面建立调和函数，做调和分析。陆汝钤就是做这项工作，他用了两年时间完成任务，并在1963年把成果发表在《数学学报》上。一直到80年代初，国外还有人引用这篇文章。

1959至1962年陆启铿在北大讲课期间，陆汝钤是他的助教，给学生上辅导课。“大跃进”运动中，目睹到学校里学生对老师的批判、对数学理论的质疑，而在历次运动中不论是搞数学理论研究，还是搞数学应用研究都少不了受到冲击，陆汝钤开始对从事数学研究的前途产生怀疑。

原来可递域有很多类，陆汝钤完成了第一类的工作后，在确定今后的研究方向时，陆启铿也说：“另外几类你不要做了，估计方法上不会有很大的创新，没必要做重复性比较大的工作。这方面可以留给以后新来的大学生去做，你应该去找更新的、更合适自己的工作去发展！”就这样，陆汝钤萌生了转行的念头，在1972年数学所成立计算站的时候，便申请去那里研究计算科学。

陆汝钤在陆启铿身边工作的几年中，无论在治学态度上，还是完成科研任务的工作方法上都获益匪浅，心目中已经把他当成引领自己走上科研之路的启蒙老师。所以，当陆启铿想回到数学所的时候，陆汝钤作为计算站的负责人，毫不犹豫地接收了陆启铿。除了多年的私人感情以外，陆汝钤也考虑到，计算机研究有个方向是符号处理，需要较多的数学知识，而陆启铿数学水平高，肯定会对这方面的研究有帮助。

陆汝钤还对陆启铿的生活上帮了大忙。这时陆启铿夫人张木兰在五十六中教书，每天要到城里去上班。一方面张木兰腿也有残疾，跑来跑去很不方便，也很辛苦；另一方面，他们的孩子都很小，无人帮助照看，以至于有一次儿子跑到实验室玩耍，差点酿成火灾。为了就近照顾子女和家庭，张木兰曾多次向单位请求调到数学所工作，但由于她是一名优秀的教师，单位不愿放她走，就这样一直拖着。直到“文化大革命”快结束的时候，局势混乱，单位里的领导更换之际，学校的书记才同意她走。可是数学所这边，许多研究室不大愿意接收她，考虑到她是教中学数学的，担心她不能适应数学所的科研工作。而陆汝钤觉得计算机科学有的方向不需要太多高深的数学知识，可以让张木兰做些程序编制方面的工作，所以把张木兰也调到计算站，这就把陆启铿的家庭困难也彻底解决了。张木兰来了以后，吃苦耐劳，很快适应了新的工作，还主动上夜班和假日班，很是得到同事的认可。就这样，在陆汝钤的帮助下，陆启铿夫妇都留在计算站工作。

陆启铿回到数学所，毕竟政治上还留了一个小尾巴，在那个政治考虑高于一切的年代，难免受到影响，所里做了一项规定，要求他不得参加外事活动，既不能和外宾接触，也不能参加有国外学者的研讨会。陆启铿想起自从参加接待杨振宁以来，曾参加过许多海外学者如李政道、任之恭、Alfen、萨拉姆（A.Salam，1926—1996）、林家翘、陈省身等来访时的学术活动，心中只能暗自苦笑。

对以这种方式离开物理所十三室，陆启铿多少也觉得有些不平，现在只能把计算站当成避难所了，为此，陆启铿逢人便宣布，今后再不会接触理论物理了，将专心研究计算科学。

科学院作为人才聚集之地，长期的混乱局面使多数人深感痛心，加之当时的国防科技事业也需要科学院的支持，“文化大革命”的高潮一过，部分业务就恢复起来。由于学术活动已经中断几年，对国内外科技现状可以说一无所知，业务恢复的第一步就是组织调研活动，国外是通过查阅期刊、杂志了解动态，国内是深入各个行业了解需求。

调研的负责人是万哲先，他在应用数学领域有很深造诣，通过调研和对当时动态的分析，认识到计算科学的重要。计算科学是运用数学模型构建、定量分析方法以及利用计算机来分析和解决问题的领域；可以针对各个学科中的具体问题，进行计算机模拟和计算，这在当时格外有现实意义。

数学所基于调研结果，在1972年决定成立一个计算站。在得知要成立计算站的时候，大家都觉得计算机是新兴的领域，蕴含着未来的希望，不大的所里，竟然有一百多人要求到计算站工作。当时负责进站的主要是业务科的罗声雄和乔英俊，他们从一百多人中选了二十人进计算站，主要是近年来分到数学所工作的年轻人。这二十人分成了两个组，硬件组负责管理机器。软件组十个人，其中五个人从事软件开发、编制程序，另外五个人研究计算方法。1972年5月，陆汝钤和孙耿奉命去贵州的南红机械厂购置了一台计算机，成为数学所第一台计算机。

软件组主要任务是维护计算机的软件，当时计算机的软硬件技术都在起步阶段，编写一个程序需要八千多到一万多条指，程序编制和修改都是在打孔纸带上完成。而且，南红机械厂提供机器后就不再向用户提供软件，软件组还要免费为大家提供服务，软件组的工作异常繁重。

为了解决这个问题，需要从计算机的操作系统着手，操作系统是管理计算机硬件与软件资源的计算机程序，当时的操作系统都是为每台计算机单独开发的，并不通用，不同机器软件很难相互移植。为了解决这个问题，1975年，在陆汝钤的主持下，数学所联合贵州大学、中山大学、吉林大学，研究用机械的方法自动生成和移植软件，这就是以软件的机械化生成和移植为目标的系列软件计划，简称“XR计划”，它推动了当时国产机软件缺乏问题的解决。

计划出来以后，他们通过业务上的联系，召集了包括高校、研究所等二十多个单位参加到这个项目，还召开了六十多个全国性的协作会议（XR会议），一共完成了大概九个高级语言的编译程序，其中几个是用机械方法移植的。根据查到的资料看，软件移植效率跟当时国际最好水平大体相当。1978年全国科学大会上为此授予他们“先进集体奖”；1983年中国科学院授予他们“重大科技成果一等奖”。后来随着进口计算机越来越多，国产计算机慢慢退出历史舞台，加之随着环境的开放，信息通畅，计算机软硬件发展迅速，这项工作在1981年结束。

陆启铿到了计算站后，开始从基础了解计算机，学习Pascal、Algol等计算机语言，他不再关注理论物理的任何进展、不再参加物理所十三室的活动，把自己与理论物理领域隔离开来，日子过得倒也平静。

当时有计算机的单位很少，也没有现在现在的个人计算机。1972 年数学所进了一台计算机后就面向社会服务，对外开放。计算机机房管理很严格，科学院、其他外单位的人员，需要登记、交费才能上机，这台计算机一天 24 小时运转。数学所内部人员的上机时间只能安排在夜里，经常一算就是通宵。那时编制程序还没有高级语言，是采用机器指令，存储在一盘盘打孔纸带上。为了调试程序，有时人们不得不趴在地上看纸带上的命令。

吴文俊那时开始对几何定理机器证明（用计算机自动证明几何定理）产生兴趣，陆启铿的兴趣则在计算机公式处理。有段时间，两人经常在机房碰面，不忘互相打趣。

陆启铿最初的工作是和天文台的陈建生、邹振隆合作，研究出一个计算方法，用 Algol 语言编写程序，利用计算机计算食变双星的各种参数。原来在过去只有 Kopal 的权威方法来求解食变双星的物理参数，而 Kopal 的迭代法有时收敛、有时发散。陆启铿他们分析了在什么情况下 Kopal 方法收敛，什么情况下发散。特别是发散的情况下，他们提出了一种新的解法，克服了 Kopal 方法发散的困难，并且在计算机上实际检验了他们提出的新方法。后来写成文章“食变星偏食光变曲线解”，发表在 1978 年 1 月的《中国科学》上。后来这篇文章还被 1980 年的国际天文学会评价为该年度重要论文之一，又在 1978 年获得中国科学院评选的“重大科技成果奖”。

另一个工作是，用 LISP 语言编写公式处理的程序。首先是多变数多项式的运算，包括复多项式的求最大公因子，多项式的因子分解。这项工作是和陈东岳合作的，并在计算机上实现成功。文章“利用电子计算器进行公式处理”发表在《计算机学报》1980 年第一期上。这也许是最早一篇讨论计算机公式处理的文章。有一次学术会议上，郝柏林就说：国内研究计算机公式处理最早的是陆启铿。陆启铿和陈东岳曾希望能够用计算机解开爱因斯坦的场方程，因为根据旋量分析方法，场方程可以化为一个常微分方程组，这样问题就化为解常微分方程。要得到精确解，首先要利用计算机计算不定积分。这个问题在当时来说太困难了，即使他们做最初的尝试，由于数学所的计算机计算速度太慢，也难以实现，他们只好放弃。

美国数学代表团

1976 年的 5 月，美国派了一个数学代表团访问中国，让陆启铿重拾继续研究多复变函数论的信心。

美国数学代表团里有九位数学家，分别是：布朗（Edgar H. Brown，），卡瑞尔（Jr. George F. Carrier），费特（Walter Feit），凯勒（Joseph B. Keller），克雷（Victor L. Klee），科恩（Jr. Joseph J. Kohn），迈克莱恩（Saunders MacLane）（主席），波拉克（Henry O. Pollak）和伍鸿熙。代表团在北京访问了中国科学院的数学所和气象所、北京大学和清华大学，并在北京饭店与来自力学所、青岛海洋所、生物物理所和数学所的研究人员进行了讨论。代表团还访问了一家内燃机车厂、一家印刷机械厂和汽车隔热厂，来了解数学的应用。代表团的部分成员访问了哈尔滨和附近的大庆油田，更多地了解数学在工业上的应用。之后，代表团全体还去上海访问了复旦大学和华东师范大学。所到之处，受到了热情接待。从 5 月 3 日到 27 日整个逗留期间，代表团听了 60 场以上的演讲，其成员作了 20 场演讲。①

代表团在数学所访问的时候，不是每个数学所的成员都可以去听报告的。秦元勋没有经所领导的同意，和代表团的一些成员谈了话，事后被狠狠地批评。陆启铿受困于"不得参加外事活动"的规定尚未解除，整天躲在办公室，生怕与代表团成员撞见。有一天，张广厚找到陆启铿说，代表团的成员伍鸿熙和科恩提出要见他。陆启铿只能说："我不能去，我是不准见外宾的。"张广厚那时年轻气盛，听后严肃地说："这是革委会的命令，不愿去也得去！"就这样，第二天晚上，陆启铿和杨乐、张广厚一起去北

---

① 安彦斌译：中国的一次数学访问（1976 年 5 月）。《数学与人文》，第 8 辑。

京饭店与伍鸿熙、科恩见面。陆启铿和伍鸿熙（加州大学伯克利分校数学教授）一见如故，因为有许多研究内容是两个人共同感兴趣的，相谈甚欢。临走前，伍鸿熙送给了陆启铿一大堆自己论文的单行本和专著。他们还约好第二天在数学所座谈时，陆启铿把自己的单行本和一本专著带来，作为交换。第二天见面的时候，陆启铿把尚存的单行本和一本专著送给了伍鸿熙。

代表团回到美国后，公开发表了一份访问中国的报告。报告介绍了一行所见所闻，并提到了许多中国数学家，比如华罗庚、冯康、陈景润、杨乐、张广厚等人，介绍了他们卓有成效的研究工作。《人民日报》头版头条报道了这些消息，使得数学所在全国又一次名声大振。

这份报告中并没有一个字提到陆启铿，而且很可能除了伍鸿熙和科恩，代表团的其他成员都不知道陆启铿的存在。但是，陆启铿从美国代表团的这次访问中受益：第一，自从伍鸿熙和科恩见了陆启铿之后，“不准参加外事活动”的规定无形中取消了；第二，陆启铿听从了伍鸿熙的建议，重新开始对多复变函数论进行深入的研究；第三，伍鸿熙促成了陆启铿第一次迈出国门。

陆启铿从未出过国，也没有和国外的数学家有过联络，那么伍鸿熙和科恩为什么会主动提出要见他呢？多年后，陆启铿猜测，也许是伍鸿熙他们从前面提到的伯格曼在 1970 年出版的书中知道了陆启铿的工作。这恐怕就是所谓的英雄相惜、知音相遇[①]。

① 为了弄清楚这个问题，笔者最终联系上了伍鸿熙教授。伍教授答复有三点原因：他看到过陆启铿在 1958 年发表的“Schwarz 引理及解析不变量”的论文，与他的研究领域相近。伍鸿熙认为那是一篇极好的文章，并得知陆启铿是华罗庚的学生。加之陆启铿的英文名（K.H.Look）是按广东的口音英文拼写的，同为广东人的伍鸿熙自然想见见这位同乡加同行。

第八章
承担更多责任

“文化大革命”结束以后，陆启铿已经到了知天命之年，年龄的衰老、身体的残疾，并不能慢下他的脚步，他又满怀热情投身到自己熟悉的领域，从新的高度开始了多复变函数论的研究。

重回轨道

“文化大革命”过后，中国科技界的首要任务是恢复正常秩序。科技领域面临的局面不容乐观，主要表现为：在一些重要的新技术领域拉大了与世界先进水平的差距；基础理论研究的许多领域处于停顿状态；国民经济与国防建设中的许多重大科技问题长期得不到解决；科技队伍“青黄不接”；科研设备和实验手段相当落后；学风被破坏。

中国科学院作为国家在科学技术方面的领率机关和最高学术机构，为尽快摆脱这些不利局面，刻不容缓地行动起来。1977 年 1 月，方毅（1916—1997）赴科学院主持工作。1977 年 6 月，在友谊宾馆由方毅主持召开科学院工作会议。会议讨论了《1978—1985 年中国科学院发展规划纲要（草案）》，核心议题是如何把科研工作搞上去，尽快恢复科研工作秩序。吴文俊和陆启铿也参加了这次会议。会后，一些重大措施陆续开始实施。1978 年，科学院组成新的领导集体，任命方毅、李昌、周培源、童第周、胡克实、严济慈、华罗庚、钱三强为中国科学院副院长，郁文为秘书长。在郭沫若院长逝世后，1979 年，方毅成为新的中国科学院院长。

恢复工作首先是从改善政治气氛开始，中科院率先撤销院所两级“革命委员会”，为解除长期存在的高压政治阴影创造了条件。接着，开始给在历次政治运动中受到迫害的知识分子落实政策，彻底平反冤假错案，撤销对他们的错误批判。数学所在“文化大革命”期间被迫害致死的数学家熊庆来、理论物理学家张宗燧先后被平反昭雪，并举行了骨灰安放仪式。

1977 年 9 月，科学院全面恢复了技术职称评定制度，并在时隔十几年之后，重新启动科技人员技术职称的晋级工作。当年，数学所助理研究员陈景润破格晋升为研究员，杨乐、张广厚由研究实习员破格晋升为副研究员。在杨乐、张广厚晋职的时候还遇到一点阻力，有人以他们太年轻、还需要进一步磨炼为借口提出反对意见，为此陆启铿专门找了科学院的秘书长郁文，举出丘成桐不到 30 岁就成为斯坦福大学教授的例子，使杨乐、张广厚得以顺利晋职。1978 年初，陆启铿晋升为研究员。

随后，为了解决科技人才断层问题和尽快缩小与国外先进科技水平的差距，科学院实施了恢复研究生制度，扩大国际交流等举措。数学所副所长关肇直委托陆启铿负责招生事宜。由于多年不曾招生，积压了大量人才，加之媒体对陈景润、杨乐、张广厚的宣传与报道，有一千多人报考数学研究所的研究生。数学所 12 年没有进过新人，而且不少人离开了研究所，科技力量断层严重，各个研究室都争着要研究生。然而，由于时间仓促、准备不足，研究生的宿舍还没有着落，第一年只有没有暖气设备的工棚里可以入住，冬天寒冷难挨，这种条件下不允许多收学生。数学所为此做出规定，只有正副研究员才能带研究生，每人最多两名。这样，数学所就只能招收三十名学生。

如何从一千多人中挑选出这 30 人成为一个难题。陆启铿考虑到，报考人员中，或者是“文化大革命”前后毕业的大学生，已经中断学业多年；或者是近年毕业的工农兵学员，基础薄弱；或者是社会上自学成才人员，未受过系统教育。而且面临的现状是，自“文化大革命”以来，数学所的人才只出不进，研究队伍已经缺少了整整一代人，如果标准过高，恐怕一个研究生也收不到。因此，考试题目不宜出的太难。钟家庆看到考题后大为感叹：“为什么我们考研究生时你出题那么难，现在那么容易？！”

一千多人的试卷批改工作非常繁重，全数学所的助理研究员集体阅卷。笔试及格（60 分以上）可以参加口试的有一百多人；通过口试的再一次筛选，最终录取了三十个人。这次招生，也遇到了一些新问题。一个是当时学生的知识水平参差不齐，在规范教育中断多年后，很难选出合格人选，造成了报考陈景润、杨乐、张广厚的研究生人数虽然多，但口试之后，只是陈景润录取了一名研究生，杨乐、张广厚都没有招到合格学生。另一个问题，当时政治流毒尚未肃清，所谓的“家庭出身”仍会在入学、工作分配的时候对个人的命运和前途造成影响。招生过程中，数学所人事处的人来问陆启铿，家庭出身不好的学生收不收？陆启铿在关肇直的支持下回答：“我是认分不认人。政审不是考核学生是否合格的标准。”结果，没有一名学生因为政治背景而被淘汰出局。①

陆启铿在这次招生中收获颇多，一共招收了六名学生，除了在报考自己的近百名学生中，挑选了两个成绩最好的，即洪毅和杨洪苍直接培养，还给理论物理所代培两名学生，与陆汝钤合作培养两名。

当时物理所十三室改建为理论物理研究所，由于是筹建准备阶段，没有招到足够的研究生。于是郭汉英找到陆启铿，希望把两名好的研究生放在理论物理所。于是，陆启铿又开始与理论物理发生了联系，与郭汉英一起指导吴可和谭小江。谭小江没有兴趣搞物理，他独自研究多复变函数论，研究方向改为推广陆启铿的施瓦兹引理。因为离开物理领域多年，对物理研究的前沿也已经生疏，对吴可的研究题目，陆启铿有点犯难。巧合的是，吴可的中学老师是陆启铿的爱人张木兰，并且吴可在中学曾获得过北京市数学竞赛的第一名，数学基础很好。后来和郭汉英一起指导下，吴

① 陆启铿访谈录，2013 年 8 月 19 日，北京。资料存于采集工程数据库。

可完成了论文“非线性规范场及其应用”，1981 年在上海开的“Grassmann 广义相对论国际会议”上作大会报告，并在 1983 年发表。

陆汝钤因为还没有升副研究员，他就在参加口试的人中挑选了两名，由陆启铿担任名义上的导师，由陆汝钤担任副导师指导学习计算科学。

初识西方学界

扩大国际的学术交流，大胆吸收和借鉴国外先进经验已成为科学院的既定方针，这对促进国内各领域和学科的发展，提升科技人员学术素养起到了积极作用。陆启铿受益于这个方针，参与组织国际学术交流，并第一次走出了国门，赴美访学。

陆启铿回到数学所以后，重新开始了多复变函数论的研究。这时，国内多复变数函数论的研究已经完全停顿十多年，连国外刊物也停止了订阅，可查阅的文献极为有限，对于国际上本领域的研究动态，还是在 1976 年美国数学代表团访华时有过一鳞半爪的了解。为此，他向华罗庚建议邀请伍鸿熙来数学研究所讲学，华罗庚这时已经就任科学院副院长，知道后非常支持，邀请函被迅速发出。这是陆启铿一生中第一次邀请外宾。

1978 年，伍鸿熙携夫人来到数学所讲学。伍鸿熙除了介绍了自己在多复变函数论领域的成果，本领域在国际上的发展现状和趋势，还汇报了美国大学的教学科研模式和在美国的华裔科学家取得的成就。他的讲学内容十分生动，在数学所大受欢迎，还吸引到其他高校的教师前来交流。

伍鸿熙的夫人是多国混血美国人，在语言方面颇有造诣，会说包括中文的多国语言。伍鸿熙讲学期间，她就在数学所教授英语，大家在经历了多年封闭之后倍觉新鲜，纷纷赞誉她的授课。

作为一见如故的朋友，伍鸿熙夫妇这次还专程来到陆启铿家里做客，见到了他的女儿陆缨。据陆缨回忆，伍夫人身材修长、年轻漂亮，在聊天时她很奇怪地问，为什么听不懂陆缨说的中文。聪明的陆缨只好回答：“中国有很多方言，就像美国人听英国人、印度人说的英语，也觉得古怪一样。”一番话，引来伍夫人大笑。

伍鸿熙此番数学所之行成为中美的学术文化交流的一次美谈。

伍鸿熙返回美国后马上发出邀请，希望陆启铿在 1979 年到自己所在的美国加州大学伯克利分校进行回访，却迟迟没有得到陆启铿的答复。原来，是科学院外事局有顾虑。由于中美隔阂日久，对美国的情况缺乏基本了解，外事局担心陆启铿腿有残疾、行动不便，到美国后会有诸多生活困难甚至危险。伍鸿熙知道缘由后，很快请加州大学数学系主任小林昭七（S. Kobayashi，1932—2012）[①] 签发了一封正式邀请函，特别提到，美国有法律规定对残疾人有特殊的照顾与保护，校方已经为陆先生的来访准备好了必要的生活条件。这样，外事局才批准陆启铿出国。

外事局非常重视陆启铿的首次出国访问。在外汇十分紧张的情况下，特批了一笔费用，包括应急用的一张 1500 美元的旅行支票和 50 美元的零花现金（一般出国人员只有 5 美元）。行程上也做出和常规不同的安排，那时没有国内直飞美国的航班，考虑到陆启铿有哥哥在香港可以接机，所以没有按惯例选择北京 – 巴黎 – 纽约的航线，而是买了经香港转机到美国旧金山的来回机票。经这次尝试，发现这条航线既节省了时间，费用也相对便宜，从此以后，许多到美国的学者都是经香港转机了。

1979 年 11 月，陆启铿怀着兴奋、好奇、忐忑的心情踏上了美国之旅。陆启铿在美国的费用由陈省身主持的科学基金进行支持，伍鸿熙和小林昭七均是基金委员会的成员，每月资助陆启铿大约六百美元，足够生活。当时，大陆学者到美国大学访问并不多见，为迎接陆启铿的到来，校方做了细致的安排。伍鸿熙在离学校最近的地方，为他租了公寓。请来在美国留学的中国研究生李克正和他同住，照顾他的日常起居。还替他租了一辆电动轮椅，作为外出时的代步工具。在美国，所有的公共场所都设有残疾人

---

① 小林昭七，出生于日本甲府，著名数学家，研究领域是黎曼流形、复流形、无穷李群。1953 年小林毕业于东京大学数学系，1956 年在华盛顿大学数学系获得哲学博士，毕业论文是“theory of connections（联络理论）”。小林在 1978 年至 1981 年的三个学年及 1992 年秋学期担任伯克利大学数学系主任，曾与野水克己（K. Nomizu）合著影响广泛的 *Foundations of Differential Geometry*（《微分几何基础》）。

通道，每次无论到大学的教室、图书馆，还是市区的博物馆、电影院、超级市场，行动起来并无困难。

有一次，陆启铿打电话要到学校的外事处办事，对方请他晚一天再去。陆启铿很好奇，打听一番才知道原委，原来外事处没有无障碍通道，只在大楼入口处安装了一台升降机用来提升轮椅。在知道了陆启铿要来办事，提前试用了一下升降机，才发现机器由于年久失修，已经不能启动，他们只好赶在陆启铿来之前，花一天时间把设备抢修好。否则，按照加州的法律，如果残疾人的轮椅进不了公共场所，这是违反法律的行为。

加利福尼亚大学伯克利分校是美国顶尖的一所公立研究型大学，学校在世界范围内拥有崇高的学术声誉和丰富的教学资源，研究水平非常坚厚，是美国工程科技界的学术领袖之一，曾在伯克利工作和学习的诺贝尔奖得主不少于 69 位。伯克利在数学领域同样取得巨大的学术成就，先后有 7 位数学家获得菲尔兹奖。

陆启铿在伯克利大学停留了三个月，其间每星期有两天，由杨建平的夫人张圣容从伯克利开车送他到斯坦福大学参加萧荫堂的讨论班，晚上就住在杨建平的家里。杨建平和张圣容都是普林斯顿大学的教授，后来，张圣容还成为美国科学院的院士。这期间除了进行丰富的学术交流活动之外，陆启铿还深入考察了学校的教育、研究体制，这对他以后的治所思路有不小的影响。伯克利的成功，除了有天时、地利、人和的外部条件之外，坚持学术本位，充分尊重教授会决定的学术方针成为成功的关键。伯克利的学术方针让陆启铿印象深刻。

1980 年 1 月，科恩教授在萧荫堂的建议下，邀请陆启铿到普林斯顿高等研究院访问一个月。普林斯顿高等研究院是纯理论研究的学院，研究院不授予学位，所有成员都是获得过博士学位的研究人员。历史上，爱因斯坦、奥本海默、冯·诺依曼、赫曼·外尔都曾在这里从事过研究，在数学领域先后有 7 位数学家获得菲尔兹奖，研究院接受过多位华人科学家在此工作，包括周培源、陈省身、华罗庚、杨振宁、李政道等。

丘成桐当时是高等研究院的永久成员（教授），陆启铿在普林斯顿期间，住在在研究院爱因斯坦路（Einstein Drive）丘成桐的宿舍，每天由郑绍远用汽车接送上下班，并在郑绍远家中吃饭。陆启铿大部分时间用来参加普林斯顿高等研究院的学术活动，也在普林斯顿大学旁听了科恩与甘宁（R.Gunning，1931— ）等教授对研究生的授课，剩下的时间则使用郑绍远在普林斯顿的办公室进行一些学术研究。

在美国时，陆启铿接触了大量中外著名数学家。在新中国成立之后，中西方学术交流中断了几十年，在国外人眼中的新中国是个竹幕后面的神秘国家，那时，国内已经开始对外开放，不断有新的信息从大洋彼岸传递过来，这让许多华裔数学家萌动了思乡之情，而在美国数学界，也悄然升起一股“中国热”，希望能到新中国看一看，近距离与中国文化接触。大家知道陆启铿是华罗庚的学生，而且从国内传来消息——陆启铿回国后将被任命为数学所副所长，于是慕名赶来，想从陆启铿嘴里听到关于中国的新鲜事，并能从他那里得到访华的邀请。可是，他们不知道，当时邀请外国学者访华，需要经过科学院外事局烦琐的审批手续，而数学所的经费非常有限，每年只有80万元左右，大部分用来发了工资，很难接待更多的国外学者。陆启铿私下里很为难，只能含糊其辞作答。

在普林斯顿高等研究院的时候，当代伟大的数学家之一伯雷尔（A. Borel，1923—2003）邀请陆启铿去他家里吃晚饭，由丘成桐作陪。外国人宴请客人通常是在餐馆，只有非常重要的客人才会到家里聚餐，这让陆启铿很是感动。席间，伯雷尔谈到，他非常喜欢中国的文化，相信中国未来将发展成为一个强盛的重要国家，加强双方有学术影响力的人物的交流是互利的事情。丘成桐顺势建议数学所邀请伯雷尔访问中国，陆启铿爽快地答应：“回国之后，要向老师华罗庚教授建议邀请伯雷尔夫妇，一定会尽力促成这件好事。”

陆启铿在美国期间，还发生了一件趣事。在从普林斯顿乘飞机回伯克利的途中，乘务员见他身有残疾，而头等舱还有位置，便把陆启铿从经济舱请到头等舱。在头等舱，乘客可以免费享用饮料和酒水，陆启铿还没有享受过这种待遇，开怀畅饮一番后，便昏昏沉沉睡去。不知过了多久，身边有乘客走动下飞机，陆启铿以为到了目的地，马上惊醒，匆忙中随着人流下了飞机，可是却找不到自己的行李。他只好拿着机票去问机场的服务人员，才发现这站是中转站洛杉矶，只能在机场等上七个小时，改乘下一班飞机。而此时，在旧金山机场准备接机的伍鸿熙却毫不知情，半天不见人影，十分焦急，只好打电话询问送陆启铿去机场的郑绍远。后来，大家知道原委后无不捧腹。

1980 年 3 月，陆启铿完成访问，满载收获回到了祖国。通过这次访问，不仅让陆启铿了解了数学的最新发展动向，同时对美国的教育、科研体制有了深入的理解。在这期间，结识了不少美国知名数学家，开启了今后更深入的学术交流。从此，陆启铿在科学院的支持下，有了更多机会参加国际学术交流活动。

陆启铿回国后，美国大使馆通知科学院，陆启铿这次出国还有一笔 400 美元的退税。当时中国的外汇奇缺，物理所为了购买设备，找到陆启铿，准备打这笔外汇的主意。好在数学所业务处压下了这笔费用，也让陆启铿有了借口，婉拒了物理所的请求。后来还真派上了大用处，第一次是借给了自己的博士后胡必忠，作为去德国马普研究所访问的路费。第二次是借给自己的学生周向宇，作为去访问德国哥廷根大学的路费。

或许是因为中国人的勤奋，或许是因为中国人的坚忍，或许是因为中国人对现代科学技术超常的感知力，百十年来，在美国涌现了大批华裔科学家，在美国科学界占据了重要的一席之地。在 1980 年前后，陆启铿曾和多位华裔数学家有过交集，甚至发展成终身好友，相互间获益良多。

主持数学所工作

到七十年代末，数学所研究领域变得非常繁杂，与最初的办所方针已经大相径庭。在经济建设、国防建设的需求推动下，也受到不时变幻的政治风向标的影响，数学所大致形成了四个研究方向：一部分人继续坚持纯粹数学的研究，形成了数学所主要的成果；一部分人专注发展应用科学，以“统筹法”、“优选法”的推广为代表；一部分主要为国防领域的数学计算和建模服务，在60年代成立了控制论研究室；还有一部分是从事计算数学的研究，发展到仿制小型计算机、研究程序编制。

1979年，科学院重新修订了《中国科学院自然科学研究所暂行条例》，明确提出“侧重基础，侧重提高，为国民经济和国防建设服务”的办所方针。在定位数学所今后的发展方向时，开始提出按专业特点分所的方案，目的是让今后研究方向专一，特点鲜明；把专业相对集中，寻求重点突破；充分利用有限的科研资源，避免学科重复造成的浪费。

在科学院党组指导下，成立了五人分所小组，成员是戴中榕、潘纯、胡凡夫、关肇直与田方增。这引起了所内研究人员思想上的波动，有的人从多年的感情出发，不同意分所；有的人希望在新的单位有更好发展，支持分所，甚至发生了数学所多数研究员、助理研究员签名《意见书》，上呈科学院院长方毅的事情①。

最终，在副院长钱三强的主持下，完成了数学所的“一分为三”。部分人员从数学所分出成立了系统科学研究所，从事控制理论、运筹理论、统计学、系统工程以及相关数学边缘学科的研究，由关肇直负责。数学所部分研究人员与原中国科学院应用数学推广办公室人员合并，组建成立应用数学研究所。数学研究所则以基础理论研究为主，兼顾应用数学和计算机科学等其他方向。后两个研究所名义上还是由华罗庚兼任所长②。

分所过程中，历次政治运动中造成的个人恩怨起了消极作用，受到“文化大革命”时期派性的影响，很多人不能理智地选择去向，造成三个研究所一些学科设置上的重复，一些学科的力量被削弱，没有完全达到分所自强的目的。

在分所过程中，华罗庚也力所能及地做了协调工作。1978年，华罗庚被任命为科学院副院长，科学院希望华罗庚对数学所进行实质的领导。但华罗庚对“文化大革命”时期的不公待遇，一直有些忿忿不平，不愿再回

① 王元:《华罗庚》。北京：开明出版社，1994年，第351页。

② 王扬宗，曹效业主编：中国科学院院属单位简史（第一卷·上册）。北京：科学出版社，2010年，第86–87页。

到数学所。陆启铿希望能解开老师的心结，曾经和华罗庚谈到，“文化大革命”中很多人都是受制于当时的政治环境，被蒙骗受驱使，做了过火的事情自己也不好受；外国人讲究 Fair Play（公平竞争），现在该处理已经处理了，还请华老能多包容一些。华罗庚听后稍感释然，但他主要精力都放在新的研究和国际交流上，放在“双法”的普及工作上，不愿意被俗务羁绊。

分所后，华罗庚召集数学所和应用数学所的全体人员开了一次大会，系统所也有部分成员参加。会上，华罗庚重点阐述了纯粹数学和应用数学的关系，强调纯粹数学是基础，应用数学是在此之上的发展，两者既有相互依存又可相互促进的关系。希望大家能保持团结，共同把中国的数学搞上去。之后，华罗庚只是来所主持了几次所务会议，并不介入数学所的具体事务。

1980 年 3 月初，陆启铿回到了数学研究所。所长华罗庚正式找他谈话，希望他担任数学所副所长一职。

陆启铿在国外几个月的耳渲目染，对美国教育、科研体制印象深刻。尤其是加州大学伯克利分校的办学体制，对陆启铿影响甚深，在那里倡导学术自由、自治的体制，坚持学术本位，民主选举教授会，学校的运行充分尊重教授会决定，保持经常性的创新和不断进取的精神，成为学校在各个领域都取得惊人成功的基石。

以陆启铿对数学所的深厚感情，在他内心深处默默地存着一个想法，希望能把国外的科研体制移植过来，凭一己之力在数学所开创出一个新的局面。当然，他对数学所眼下面临的困难也有清醒认识，正常的科研秩序刚刚恢复，未来能否以及如何进入较快发展轨道尚在摸索中；分所遗留下来的问题还未厘清，人事间也有很多矛盾在发酵中；这个副所长多少是个烫手的山芋。但考虑到自己的想法都是从公心出发，本身又是数学所老人，只要得到多数人的支持，这些困难应该可以克服。于是，他向华罗庚提出用选举的办法征求一下民意。

华罗庚立刻召开一次全所助理研究员以上人员的会议，选举副所长，当时大家深受“外行领导内行”之苦，对有浓厚政治色彩的领导已经厌倦，希望看到“专家治所”的新格局，结果把三分之二的选票都投给了陆启铿。选举结果上报获得批准，科学院正式任命陆启铿为数学所常务副所长。

华罗庚专门召开会议，当众宣布今后数学所的工作由陆启铿主持，他全权委托陆启铿处理全部相关事宜。会上陆启铿也发表了就职演说，希望大家团结一致，为数学所更好的未来进行二次创业。同时也表示：“如果我的做法遭到大多数人的反对，我会主动辞职。”为了支持陆启铿的工作，华罗庚多次向科学院副院长严东生和外事局长表示，数学所的工作由陆启铿负全责，不必再经过他了。科学院院长方毅在人大会堂宴请丘成桐，也是由陆启铿代为出席陪同。

陆启铿上任以后，马上组建了学术委员会，由他自兼学术委员会主任。学术委员会由各研究室室主任及一些资深研究员组成，主要负责：制订研究所的长远规划和年度计划；对科研成果进行评议和鉴定；评定、晋升科技人员的技术职称；对开展所内外和国内外学术活动，提出建议和意见；协助培养研究生；讨论院、所领导交议的其他有关学术问题。学术委员会对议事制度进行了规定，以多数通过为原则，主任负责召集会议，有投票权而无否决权。

学术委员会成立以后，在陆启铿的推动下，通过一系列科研保障决议。如规定研究人员晋升时要由委员会组织答辩，必须要通过答辩才能得到晋升机会；副研究员以上人员要亲自为研究生开授一门专业课，鼓励大家多开辟新的领域；晋升研究员时必须指导过研究生；新入学的研究生在完成一年的基础课之后，可以自由选择研究方向和导师。这些规定很多是受到伯克利的影响，学术委员会也是参照伯克利教授会的模式运行，这些规定对系统评价科研人员的研究能力，鼓励研究人员的钻研精神，强化研究生培养起了很好的效果。数学所的学术风气更加自由，学术气氛也空前浓厚。

针对数学所研究人员老化的问题，在陆启铿主持下，完成数学所中层干部的调整，各室主任都经选举产生。为了让吴新谋这样一些老研究员把精力更多用到科学研究和后续人才培养上，陆启铿劝说他们退出了竞选，使一批年富力强的研究人员承担起更多责任。

这时数学所的一些举措，开创了科学院下属研究所的风气之先。

1980 年下半年，国家科委开始组织“中国第二次自然科学奖”评选工作。陆启铿积极部署，组织学术委员会对数学所的科研成果进行认真评审、推荐和申报。期间，华罗庚领导的“优选法”与“统筹法”研究小组也准备申报自然科学一等奖，但在陆启铿的劝说下，华老退出评选，把更多的机会让给了年轻人。这里有华罗庚的高风亮节，也体现了陆启铿坚持公平原则和出色的组织能力。

在 1982 年获奖结果公布，陈景润、王元、潘承洞（山东大学）的“哥德巴赫猜想研究”获得国家自然科学一等奖；杨乐与张广厚的“整函数和亚纯函数的值分布论”获得国家自然科学二等奖。数学所再度以高水平成果而受到社会瞩目。

1980 年 10 月 26 日，中国科学院学部经过无记名投票，增选出 283 位新学部委员。其中数学家有：胡世华、程民德、关肇直、冯康、谷超豪、陆启铿、王元、夏道行、陈景润、姜伯驹、杨乐。陆启铿荣列其中，稍后又被选为数学物理学部常务委员（至 1991 年）。

作为常务副所长，需要面对烦冗的行政事务。陆启铿刚上任时，规定每星期一上午召开行政工作会议，汇总安排一个星期的工作。但事情并不像想象的那么简单，这时的数学所也和其他事业单位一样，已经成为一个小社会，食堂、幼儿园、库房一应俱全，有扯不清的琐事，而且事无巨细都需要陆启铿拍板。

数学所自从搬到中关村，一直与计算所合用一座办公楼，分给数学所的只有一层半，随着人员的增加，办公用房、居住用房都很紧张。甚至发生了数学所的一位女职工，为了要求分配住房，当街拦下了骑着三轮车上班的陆启铿，引来大群行人围观的事情。

为了首先解决研究生的居住条件，陆启铿决定扩建一幢新楼，但由于事前没和海淀区政府做好协调，区里派人给他下了停工令。虽然陆启铿顶住了压力，却受到了通报批评。无奈之下，陆启铿为了数学所的长远发展，开始四处选址，后来在植物园看中了一块地方，那里有园林，有湖泊，是个安静做学问的好所在。但刚刚开始准备报请科学院，就遭到所里同事们的一致反对。中关村的中小学教育一直闻名全国，研究所的子弟可以就近直接就学，这算是大家长期享受的一个福利，如果搬到了植物园离开中关村，子女的教育将会受到直接影响，加之交通不够便利，配偶的工作不好解决，这些具体困难，竟成了不可逾越的障碍。搬迁的事情只好作罢。

后勤的事情也很棘手。数学所有一个幼儿园，这时数学所人员的子女多已长大，已经没有适龄的小朋友，幼儿园继续办下去，无疑也是对有限科研资源的浪费，陆启铿便考虑解散幼儿园。幼儿园阿姨们唯恐失去这个安逸的工作，一得到消息便一起跑到所长办公室，要陆启铿为她们解决出路，一场大闹下来，这件事也是不了而了。

三个所虽然分了家，但还是在一个楼里办公，共享一个食堂，时间久了，难免磕磕碰碰。一次，食堂中负责系统所的大师傅和数学所的科研人员发生冲突，还动了手，这种事也找到陆启铿，他只好找以前的老同事协调说和才算了事。至于那些采购、报销的事情，都需要找陆启铿签字批准，他又不懂其中有许多潜规则，经常弄得不欢而散。

还有更荒唐的事情。有一次一个青年妇女带了一个三四岁的小孩找到陆启铿家里，自称是陈景润在上海的相好，一起生了小孩，这次来北京是要找组织主持公道。见她俩样子很是落魄，陆启铿只好先安排娘俩住下。然后倒是发挥了数学家的严密逻辑，安排专人去调查，结果是那段时间，陈景润根本没有去过上海。这对母子见把戏被揭穿了，慌忙溜走，弄得大家哭笑不得。

这些事务性工作，陆启铿并不擅长，而他事事亲力亲为的结果，常常把自己弄得焦头烂额。

陆启铿在国外访学时，对国外研究所的运行效率留下很深印象。在瑞典米塔—列夫勒研究所，除所长卡尔松（L. Carleson）外，行政人员只配备两个秘书和一个负责收发的前台，每天的清洁工作由小时工在下班后的业余时间完成。在德国的马普数学研究所，除所长希策布鲁赫（F. Hirzebruch）外，连清洁工都不要，只配备了三四个秘书，前台还要兼任打字的工作，只是为了迎送访问学者，多配备了汽车司机。而这些单位的行政人员有很高的工作效率，除了把研究所的后勤工作处理的井井有条，还要负责安排访问学者的行程，包括住宿和航班、打印学者的文章，从未出现差池。反倒是意大利的 ICTP（国际理论物理中心，也是第三世界科学院所在地），所长萨拉姆是诺贝尔奖得主，配备行政人员很多，管理却十分混乱。

面对数学所人浮于事的局面，陆启铿希望对行政、后勤单位进行改革，甚至考虑裁减三分之二的行政人员，提高工作效率，理顺关系，让行政、后勤部门服务于科研，从属于科研。

1982 年，还发生了一件对陆启铿很有意义的事情。陆启铿学生时代就对共产党有好感，早早入了团，积极向党组织靠拢。后来莫名其妙被划成“特嫌”，成为控制使用人员，入党的事自然谈不上了。在清理冤假错案过程中，发现所谓“特嫌”完全是莫须有的罪名，组织给他重新做了结论。陆启铿得到通知后，试着填写了一份入党申请书，没想到一个星期之后，支部会议就批准他成为预备党员，隔了几个月，上级特批缩短预备期，陆启铿成为正式的中共党员。多年的夙愿得以实现，陆启铿心里格外欣慰。

陆启铿入党之后，很快被吸收进了所领导小组，成为领导班子的一员。他希望他的改革想法，能得到党委的支持，推行起来可以更有力度。但这方面的改革在当时的历史时期，显然是不合时宜的。陆启铿可以说是人财两空，既无人事权可以打破别人的铁饭碗，又没有经济杠杆来调动多劳者的积极性，改革自然无法推进。面对纷杂的现实，他深感力不从心，开始萌生了退意。

陆启铿的治所方针并不能完全得到数学所全部同仁的理解，而他的理想主义色彩、不谙世事的行事方式一直在人们中颇有微词。最后是由他提出的在技术职称晋升中的一项规定，终于成为引发众怒的导火索，也导致了他的去职。

技术职称在中国既是反映研究人员的技术水平和工作能力的荣誉称号，也和待遇、个人身份直接挂钩，历来备受知识分子看重。陆启铿为了保证研究所的学术水平，除了严格技术职称的晋升制度之外，还希望能控制最高技术职称——研究员的晋升数量，以保证每个研究员都能名副其实。

他的想法来源于欧洲的教授制度（在中国，按照学本位的参照，“研究员”职称等同于“教授”），那里的教授人数非常之少。在英国，每个系（学科）只有一个教授，而且是当然的系主任。连李约瑟那样著名的科学家，虽然已经是英国皇家学会会员，仍然不能成为教授。在德国，如果增加教授名额，甚至要由国会讨论通过。著名数学家法尔廷斯（Falltings）虽然是二战后德国第一个菲尔兹奖获得者，也只能到美国当普林斯顿大学的教授，直到希策布鲁赫退休，请他回去就任马普数学所所长，才成为教授。

其实，陆启铿在这里面有个小小歧义，欧洲的教授（Professor）相当于美国的首席教授（Chair Professor），是学科的领袖，自然是凤毛麟角。在美国，只要达到一定学术水平，还是有少部分人可以晋升为教授。

有了这个想法，陆启铿在数理学部常委开会时提出，每个研究所每年最多只能升一个研究员，以保证研究员的学术质量。这得到数理学部主任钱三强和副主任马大猷的支持，在常委会通过后形成了决议。陆启铿回到数学所后开始严格执行这项规定，不想这在科研人员中引起了轩然大波，几乎是受到一致的反对。

受“文化大革命”的影响，数学所研究人员的晋升停止了多年，确实存在部分能力与职称不匹配的现象。在恢复技术职称的评定和晋升之后，很多人到中年又有一定成果的科研人员，都希望得到晋升机会。而这时是在数学所分家之后不久，三个研究所研究方向相近，为了留住更多骨干力量，有的单位甚至做出了保证晋职的承诺。如果严格执行这样的晋升制度，无疑挡住了不少人的升职之路，直接损害到个人利益。甚至有人起哄：“陆启铿自己升到研究员，对别人就不管不顾了，还要给自己留个好名声！”在技术职称普遍注水的大环境下，想要数学所独善其身显然是不现实的，陆启铿自然引起了多数人的非议。

陆启铿对反对的意见并不能理解，他始终认为自己的做法完全出自公心，是保证技术职称评定和晋升的严肃性，是保证评为高级职称的研究人员有相应研究能力的有效手段，最终目的是为了让数学所保持一个较高的学术水平。他苦思不得其解，但不希望因为自己为实现理想而对同事们造成任何的伤害，在发觉他的理念不能得到多数人的认同时，虽然满怀伤感，还是决心践行自己上任时的承诺，做出了辞职的决定。

他会同华罗庚，向科学院党组起草了一份报告，两人同时辞去所长、副所长的职务，并对下届数学所领导的安排提出建议。科学院党组对报告十分重视，并把它作为调整研究所机构的一个契机。

1984 年 2 月，科学院任命王元为数学所所长，杨乐为副所长；成平为系统所所长，吴文俊为名誉所长；吴方为应用数学所所长，华罗庚为名誉所长。三个研究所就此顺利完成了新老交替。

陆启铿没有接受新任数学所领导的挽留，同时辞去了学术委员会主任的职务，只保留了数理学部常委和学位委员会主任的职务到 1991 年，看到通过答辩的硕士生、博士生毕业证书上有他的签名，也是一种欣慰。

陆启铿承担常务副所长的重任，恰逢他首次赴美访学归来。在亲眼目睹、亲身体验了国外先进学术机制和由此带来的丰硕学术成果之后，眼见

图 8-1　王元、陆启铿、杨乐讨论工作（资料来源：陆启铿提供）

国内数学领域的学术研究已经远逊国际主流水平，陆启铿想的更多的是如何扭转这种不利局面。

陆启铿负责所务以后，为了贯彻科学院“强调发展基础研究”的工作重点，把“以基础理论研究为主，兼顾应用数学和计算机科学等其他方向”作为数学所的办所方针。对学术研究方向进行了调整，将研究室调整为八个，即数论研究室、代数研究室、几何拓扑研究室、函数论研究室、泛函数分析研究室、微分方程研究室、数值分析研究室、计算机科学研究室，以及一个计算站。纯粹数学再次成为数学所主要研究方向。

为了规范学术管理，在陆启铿主持下，成立了所学术委员会。学术委员会作为所内最高学术机构，负责制定研究远景规划、学术评议与审核。在他的任内，全面启动了停滞已久的科研人员职称评定工作，学术委员会根据科研人员的学术水平和科研能力，进行科学的评价，做出了基本客观、公平的定职、晋升决定，这一举措极大提升了科研队伍的士气。

在这个时期，数学所的学术气氛空前浓厚。一大批已经著作等身的数学家们又重新焕发了青春，不断涌现出新的研究成果。钟家庆、丁伟岳、王启明等一批中青年数学家也脱颖而出、蓄势待发，时日不长便出现硕果纷呈的局面。1982 年，国家恢复颁发自然科学奖，陈景润、王元的“哥德巴赫猜想研究”获得一等奖，杨乐、张广厚的“整函数和亚纯函数的值分布论”获得二等奖，数学所再度以高水平的研究成果而受到社会瞩目。

陆启铿历来重视学术队伍的梯队建设，进一步完善了研究生招生制度和培养计划。1981 年，数学所成为我国首批博士和硕士学位授予单位，并在 1981 年、1982 年举行了第一届硕士、博士毕业论文答辩。数学所的人才培养开始逐步走入正轨。

在三年的任期内，陆启铿以复兴数学所为己任，呕心尽力、做了大量的细致工作，为数学所重回健康发展的轨道发挥了重要作用，也为数学所日后成为中国科学院首批开放研究所打下良好基础。

在这个阶段，随着原子能的利用、空间技术的兴起和电子计算机的发明，现代科学技术研究的对象已经超出人类视距，从微观到宇宙的计算需求带动了数学科学的快速发展，国际上数学领域的研究成果，呈爆炸性的增长。

陆启铿在主持数学所工作以后，坚持了华罗庚在建所之初提出的“开放办所”的方针，把开展国际间的数学学术交流放在重要位置，他的做法是请进来、走出去、带动一片，消除了由于长期在学术上与外界隔绝而产生的脱节现象，使数学所的学术研究达到了一个新的高度，继续发挥了数学所在国内学科领域的带头作用。

陆启铿在数学所推动国际交流，得到了华罗庚的大力支持。对每个国际交流项目，陆启铿都会向华罗庚请示，而华罗庚每次都欣然亲手签发邀请信。当他不在国内时，陆启铿发出的邀请信开头也一定写上“On Behalf of Director Hua Loo-Keng”（以华罗庚所长的名义）。

数学所恢复了与国际上著名研究机构的所际联系，包括美国普林斯顿高等研究院、德国马普数学研究所、法国高等科学研究所、瑞典皇家科学院米塔—列夫勒研究所、意大利比萨高等师范学校[①]、苏联科学院斯捷克洛夫研究所、日本京都数理解析研究所等。

同时，邀请了大批数学家来到数学所讲学，其中有华裔数学家丘成桐、伍鸿熙、萧荫堂、项武忠、项武义、郑绍远、杨建平、张圣容等人，国际知名数学家和研究机构负责人，如阿蒂亚、伯雷尔、卡尔松、弗里德里希（Friedrich）、格劳尔特（H. Grauert，1930—2011）、普林斯顿研究所所长格里菲斯（P. A. Griffiths，1938— ）、德国马普数学所所长希策布鲁赫、法国高等研究所所长柯伊伯（N. H. Kuiper，1920—1994）、科恩、莱莫特（R. Remmert，1930— ）、小林昭七、斯坦

图 8-2　格里菲斯在陆启铿家中（左起依次为：钟家庆、格里菲斯、陆启铿）（1980 年。资料来源：陆启铿提供）

① 当时的校长是意大利科学院院长韦森蒂尼（E. Vesentin，1928- ）。

恩（E. M. Stein，1931— ）、斯坦恩（K. Stein，1913—2000）、比萨高师校长及意大利科学院院长韦森蒂尼（E. Vesentini，1928— ）等人。为此准备了签名簿，让每个来宾留下感想并签上自己名字，几十页厚厚的签名簿整整写了两大本。①

各国学者到数学所访问，除了交流国际上数学领域的最新动态和本人的学术成就，还要在陆启铿的要求下，系统地讲授一门课，而不仅仅是发表一两次演说，走走过场了事。像第一次邀请萧荫堂来华讲学，主讲现代多复变函数分析的理论，每天从上午连续上到下午，课后组织大家讨论，整整讲两个星期左右，课程从研究生基础一直讲到现代数学，成为非常系统的一门课，他的讲义经钟家庆和陈志华整理，还结集出版了一本教材。学者们严谨的教学态度，让数学所研究人员的学术水平提高很快。

走出去，是这个时期同步实行的政策，数学所开始向国外派遣大量留学生。鉴于数学所和国际上主要的研究机构业已形成的良好学术关系，这

图 8-3 陆启铿在家中为伯雷尔庆祝生日（左起依次为：伯雷尔、陆启铿、伯雷尔夫人）（1998 年。资料来源：陆启铿提供）

① 陆启铿：华罗庚对中国数学科学事业的贡献。《科学时报》，2010 年 9 月 28 日。

些机构非常愿意接受数学所派出的或者是经陆启铿推荐的学生，先后有钟家庆、杨洪苍、洪毅、管鹏飞、施皖雄、周向宇、刘克峰等多人出国留学。这些人一部分学成回国，成为国内数学领域的中坚力量。一部分留在国外继续从事研究，成为国际知名学者。由于数学领域发展的日新月异，很多专业问题个人难以通晓全部，而且涉及学科越来越多、范围越来越宽，使合作，尤其是国际间的合作成为主流，互派留学生及其继续深造成为后来开展国际合作项目的开端。

数学所长期以来在中国数学界居于领军地位，陆启铿促进国际交流的同时，也积极组织各地高等学校数学师生来所听课，推荐大学里的有识年轻人出国留学。他先后把汕头大学的杨小舟推荐给丘成栋、北京大学的田刚介绍给丘成桐，把北京大学姜伯驹教授的研究生推荐给法国的贝加（M. Berger，1927- ），把中山大学卢文教授的研究生推荐给小林昭七。这拓宽了更多年轻数学家的视野，也带动了整个学科的发展。

著名数学家伯雷尔曾多次前往数学所讲学，与陆启铿结下深厚友谊，陆启铿还在他去世的时候写了一篇纪念他的文章。①

育人结硕果

陆启铿除了自己在数学领域常年勤耕不辍，在对人才的培养上也倾注了大量心血，从 50 年代就开始在北大开班授课。他尤其重视研究生的培养，一向认为研究生的培养是学术传承的关键，优秀的研究生或者是优秀研究生组成的团队将会带来学术研究的连续性和学科的发展光大。陆启铿从师华罗庚，深刻感觉到培养学生不仅要传授知识，更重要的是治学态度的修炼，研究方法的培养，做到“既要授人以鱼，更要授人以渔”。②

陆启铿指导学生是从陆汝钤开始的。1959 年陆汝钤从东德留学回国后，

---

① 陆启铿：难舍的中国情缘——悼念 Armand Borel。《科学时报》，2003 年 8 月 29 日。

② 谭小江访谈录，2012 年 11 月 20 日，北京。资料存于采集工程数据库。

分配在中科院数学所函数论室工作，在陆启铿指导下研究多复变函数论，很快取得成果，发表了论文“On the harmonic functions on a class of non-symmetric transitive domains”（*Sci. Sinica*，1965，14：315-324）。到后来，陆汝钤转行从事行计算机科学的研究，并在1999年被评为科学院院士，他一直感谢陆启铿作为导师在如何开展科学研究上对他的影响。

1978年恢复招收研究生，由陆启铿直接指导的有四位，分别是数学所的杨洪苍、洪毅，和为理论物理所代培的谭小江和吴可。陆启铿在培养学生方面深得华罗庚的真谛，重视学生基础理论的学习和训练，强调只有夯实基础才能做到“深入浅出”。在第一次与自己研究生见面时就表示，从事多复变函数分析的研究很难，涉及的基础理论非常多，想要在学科上有突破必须从扎实的基本功训练开始。

他在学术委员会上建议，副研究员以上必须在研究生院讲授一门课。讨论通过后，立即实行。教材由教师自己决定。泛函数论用吉田耕作的《泛函分析》，抽象代数要用兰（S. Lang，1927—2005）的《代数学》。这届研究生的基础课都配置了最强的师资授课，函数论、值分布论由杨乐、张广厚讲授，偏微分方程由王光仁讲授，彭怀武（当时的理论物理所所长）讲授电动力学，吴文俊讲授几何基础，陆启铿讲授微分几何，钟家庆讲授多复变函数分析。

把萧荫堂请来讲授现代多复分析的理论和主要研究方向时，陆启铿亲自和钟家庆、陈志华助课，取得很好的效果。在这些大师级科学家的悉心培育下，学生们收获很大，为今后在数学领域的科学研究打下雄厚基础。

受那个特殊历史时期的影响，学生们的基础差别很大，像吴可是北京大学毕业，洪毅是厦门大学毕业，而谭小江只上过一年大学，而杨洪苍基本没上过大学，是靠自学修的同等学力，没有受过系统的大学的训练。

陆启铿对研究生的基础课亲自指导，经过严格训练，学生们都进步很快。完成基础课以后，陆启铿给谭小江和洪毅布置了研究课题，是关于施瓦兹引理的，很快就出了成果，论文还被推荐参加了纪念华罗庚诞辰七十周年学术研讨会。后来，谭小江与洪毅被推荐去了美国韦恩州立大学（Wayne State University）学习，只用了两个学期，两个人就以全优的成绩，通过了四门博士资格课程的考试，而且美国大学对他们研究生时修过的学分全部认可，可以免修基础课。可见陆启在培养研究生时，在课程设置上，训练的强度上的独到之处。

陆启铿为了培养学生付出的辛苦远远超过常人，长期以惊人的毅力坚持为学生上课。

由于身有残疾，每天上课是拄着双拐上楼下楼。他的双脚不能分开，上楼时要先把双拐拄到上一节台阶，再使劲一撑把整个人撑起来再跳上去，然后双拐再往上拄，一阶一阶的爬上去。下楼的时候，就先拄到下面的台阶，然后一撑跳到下面的台阶，书包只能交给学生帮忙提着。

讲课更为吃力，双手撑着拐，只有脚尖着地一点，一块一块的写黑板。经常是这样一幅场面，陆启铿拄着双拐站在黑板前，一站站一两个小时，边写边讲，而且他的手还不能脱离拐杖，边夹着拐杖边费力地书写。这让下面听课的学生们深受感动，只有老老实实做题，认认真真记录，才能对师恩有些许回报。

下了课，陆启铿便骑着一部非常破旧的三轮车离去，把双拐放在后面，有时车子坏了，只有请学生们帮忙送去修理。很久以后，女儿买了一

图 8-4　陆启铿给学生上课（九十年代。资料来源：陆启铿提供）

部电动车，才可以比较轻松的代步。

陆启铿培养研究生到2009年结束，一共培养了三十名学生，包括陆汝钤、弓惠生、钟家庆、殷慰萍、陈志华、文涛、孙继广、石赫、王大明、陈志鹤、曾宪立、陈怀惠、叶芳草、吴可、杨洪苍、洪毅、谭小江、管鹏飞、施皖雄、胡必忠、周向宇、刘克峰、欧军、刘伟明、姚加贤、黎明、卢克平、李庆忠、张海、张利友。

陆启铿的学生多数学有所成，成为教授或是业务上的领军人物，在学术领域取得了骄人成绩。其中，陆汝钤、周向宇成为中科院院士，管鹏飞是加拿大科学院院士；钟家庆、周向宇、吴可获得国家自然科学奖二等奖。刘克峰是加州大学洛杉矶分校的教授、浙江大学数学中心主任兼数学系主任、获晨兴数学金奖。卢克平任信阳师范学院院长。关门弟子张利友在2009年毕业，现在已经是副教授了。

周向宇是陆启铿学生中的佼佼者，也是华罗庚学派传人中的典型，曾任数学所所长。1985年周向宇考取陆启铿和钟家庆的硕士研究生，1988年继续跟随陆启铿攻读博士学位。1998年前后，周向宇在解决“扩充未来光管猜想”中取得重大突破，“扩充未来光管是全纯域”的猜想得到证明。周向宇的这项工作在法国编辑的《二十世纪下半叶数学的发展》一书中，被瑞典皇家科学院院士引用，并被称为二十世纪下半叶数学发展的“亮点之一”。[①] 1998年11月在国际著名数学中心俄罗斯科学院斯捷克洛夫数学所被授予俄国国家科学博士学位。他的学位论文被由诸多俄科学院院士、通讯院士组成的答辩委员会称为“新的重大工作”。周向宇应邀在2002年国际数学家大会上做45分钟报告，是国内最年轻的一位应邀报告人。

周向宇的这个成果来源于陆启铿，也是在陆启铿指导下完成研究的。1988年，陆启铿接受邀请访问苏联科学院斯捷克洛夫研究所时，做了一个两小时的大报告，苏联科学院其他所及莫斯科的一些重要大学都有人来，参加者百余人，报告题目是“典型域的热核”。报告结束，弗拉吉米洛夫

---

① 周向宇：周向宇与多复变研究。《数学通报》，2003年第1期，第1–2页。

图 8-5 萧荫堂在陆启铿家中（左起依次为：莫毅明、萧荫堂、陆启铿、周向宇）（1994 年。资料来源：陆启铿提供）

提出了“扩充未来光锥管域的猜想”的问题。而且，他认为最有可能解决此问题就是华罗庚的这些后学。

陆启铿从苏联回来之后，立刻组织一个十人的讨论班，有四位硕士生，二位博士生，一位是北大副教授，二位是应用所的副研，专攻弗拉吉米洛夫提出的问题。而周向宇表现突出，解决了塞尔格也夫所提出的“矩阵圆型域”问题（这个问题和美国数学家 Bedford 差不多同时解决）。周向宇经十年的努力，终于在 1998 年把这问题彻底解决了。并在 2013 年被评为中国科学院院士。

访学各国

在 1981—1991 年期间，陆启铿先后出访美国、德国、瑞典、法国、意大利、苏联和日本。普林斯顿高等研究院，波恩马普数学研究所，斯德哥尔摩米塔－列夫勒研究所，巴黎高等研究所（IHES）的里瓦斯特国际理论物理中心，意大利比萨高师及理论物理中心，莫斯科苏联科学院斯捷克洛夫数学研究所，京都数理解析研究所等科研机构都留下他进行学术交流和科学研究的足迹。

美国普林斯顿高等研究院，1980年、1984—1985年、1992年、1996年

1984 年陆启铿在数学所卸任之后，应院长伍尔夫（H.Woolf，1923—2003）的邀请，前往普林斯顿高等研究院访问一年。

高等研究院（Institute for Advanced Study），1930 年成立于美国距离纽约不远的小镇普林斯顿，并不是著名的普林斯顿大学的一部分。普林斯顿高等研究院是一个各个领域的科学家做最纯粹的尖端研究，而不受任何教学任务、科研资金或者赞助商压力的研究机构。研究院不授予学位，所有成员都是获得过博士学位的研究人员。

研究院虽然和大学没有互属关系，但是有很深的渊源。研究院最早是借用普林斯顿大学数学系的办公室，主要人员如冯·诺伊曼、范布伦也来自数学系。研究院的许多教授也同时兼职普林斯顿教授。

普林斯顿高等研究院底下有历史研究学院、数学学院、自然科学学院和经济科学学院，以及一个新成立的理论生物研究计划。每个研究学院都有一个小规模的终身研究员团体，每年也会有一些访问学者作为补充。

伍尔夫和陆启铿早有渊源，伍尔夫是研究历史的，他在 1981 年访问中国科学院时，由于陆启铿去过普林斯顿，便由数学所负责接待。在欢迎宴会上，陆启铿和伍尔夫达成了一项口头协议，数学所和高等研究院每年邀请学者进行互访。这次伍尔夫的访问算是数学所的第一次邀请，第二年就促成了钟家庆去高等研究院访问一年。陆启铿这次赴美访问则是丘成桐推荐的。

陆启铿在高等研究院的一年，开始恢复查阅文献，潜心进行研究工

图 8–6　陆启铿和女儿陆缨在普林斯顿高等研究所（1992 年。资料来源：陆启铿提供）

作。在这里遇到了多位熟悉的和神交过的知名科学家。[①]

杨振宁曾经是高等研究院的长期成员（long-term member），李政道也曾在研究院做过访问学者，两人合作的宇称不守恒工作正是在这里完成的。

伯雷尔比杨振宁稍晚一些来到高等研究院，他成为终生成员（Permanent member），与多次到访过研究院的希策布鲁赫在 20 世纪五十年代初合作写过几篇文章。

希策布鲁赫的著名成果 Riemann–Roch–Hirzebruch 定理，应该是在高等研究所完成。

阿蒂亚也曾是高等研究院的成员，他的著名的指标定理应该受希策布鲁赫定理的影响。阿蒂亚从 Singer 处得到杨振宁—吴大峻的文章后，两人合作把规范场（纤维丛上联络论）用于数学的方面。阿蒂亚是研究联络论

① 实际上，陆启铿在高等研究所只待了七个月，由于高等研究所到 5 月份就放假了。1985 年 5 月 1 日陆启铿去了德国的马普数学研究所。

的老手，自1978年以来阿蒂亚的工作带动了一大批数学家研究黎曼流形的Yang–Mills方程解，使得四维流形的拓扑取得了重大的成果。其中最著名的有Donaldson证明了四维欧氏空间有不等价的微分结构，以及Friedrrann解决四维的Poincare猜想。

丘成桐和Uhlenbelk也曾在这方面开展研究，正是陈省身把丘成桐解决Calabi猜想的预印本寄给吴文俊和陆启铿，陆启铿才开始了解丘成桐，发现他研究工作的重要。

虽然陆启铿很早就开始了规范场与纤维丛上联络的研究，并曾经取得领先的成果，他在《物理学报》上发表的文章比杨振宁－吴大峻的文章早了一年。但他这时已经离开理论物理领域十年，只能重新开始学习研究最前沿的研究成果。在1985年经郭汉英介绍去石溪杨振宁的研究所做学术报告时，陆启铿避开规范场在数学方面的发展，重点介绍丘成桐解决的Calabi猜想，采用从吴文俊那里学来的讲法，从最简单的流形，复流形定义讲起，然后解释Calabi定义，虽然因为听众是物理学家，没有演算丘成桐的详细证明，但是还是取得不错效果。丘成桐很关心杨振宁对报告的评

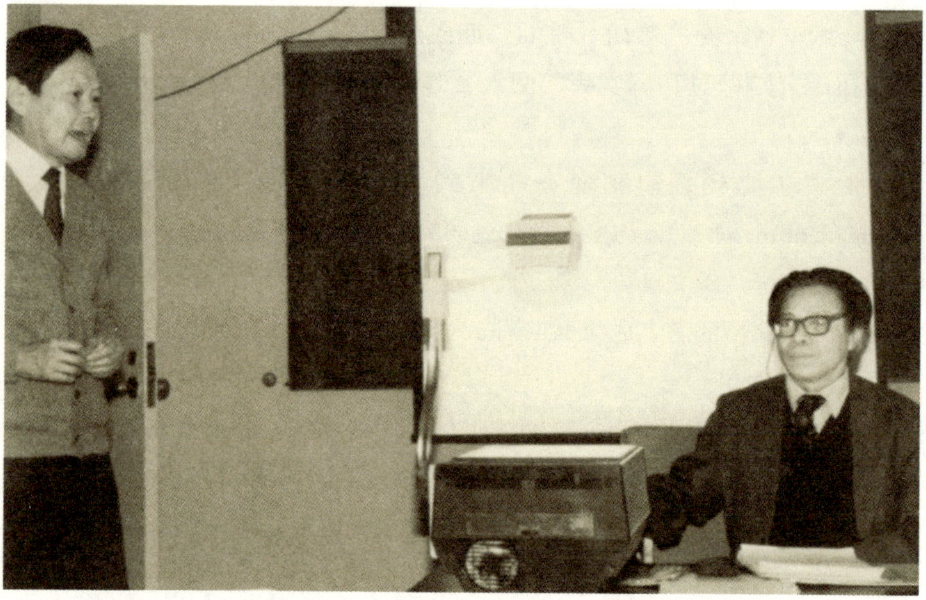

图8–7　陆启铿（右）与杨振宁（左）在美国纽约州立大学石溪分校作报告（1985年。资料来源：陆启铿提供）

价，杨振宁后来曾表示陆启铿一定很会带学生，他很会讲课。丘成桐听后感觉杨振宁认可了自己的工作，很是满意。

杨振宁得知丘成桐获得菲尔兹奖，立刻打电话告知科学院。丘成桐之所以获奖，除了解决 Calabi 猜想之外，还和孙查理一起解决了爱因斯坦的正质量猜想，这是广义相对论的问题，周培源对此也很感兴趣，马上代表科学院打电报祝贺丘成桐。有一次陆启铿在场的情况下，周培源曾当面赞扬丘成桐："菲尔兹奖比诺贝尔奖还高，因为菲尔兹奖四年才评一次，诺贝尔奖每年都评一次。诺贝尔奖只由瑞典皇家科学院评，而菲尔兹奖是由国际数学家大会来评的。"

在 1985 年新年时，郑绍远邀请陆启铿从普林斯顿去加州大学洛杉矶分校访问，然后到丘成桐所在的圣地亚哥分校，在那里见到了正在读博士的施皖雄和田刚。

瑞典米塔–列夫勒研究所，1981—1982年、1988年

米塔 – 列夫勒研究所（The Mittag–Leffler Institute）是一个数学研究所，位于瑞典斯德哥尔摩的郊区，是瑞典皇家科学院下属的研究所之一。其外形好似一座古堡，因靠近海滨，周围又都是草地和花园，所以一到夏日便风景如画。冬天降临以后，这里成为一片冰天雪地，而且长夜漫漫，日照时间每天只有五六个小时。不过对数学家来说，这倒是冥思苦想、埋头工作的最好环境。

研究所的大楼原来是 M. G. 米塔 – 列夫勒夫人的住宅，他捐赠了这座楼和自己的藏书丰富的数学图书馆。然而 1927 年米塔 – 列夫勒去世后，他的财产不足以成立一个活跃的研究所，直到 1969 年才在卡尔松的领导下运行。在 20 世纪初的很多年里，米塔的这座别墅为诺贝尔奖获得者举办了庆祝晚宴。

研究所只设一位专职研究员，即所长，另有几位秘书和后勤管理人员。每年，研究所都会邀请数学各个领域最好的数学家来访问。

陆启铿曾经两次到这里访问、交流。

图 8-8　驻瑞典大使馆参赞招待陆启铿（1981 年。资料来源：陆启铿提供）

联邦德国马克斯·普朗克数学研究所，1981年、1985年

马克斯·普朗克数学研究所（Max-Planck Institute of mathematics），简称马普研究所，位于德国波恩，以德国物理学家马克斯·普朗克命名。它是马克斯·普朗克学会下属的几十个研究所之一。马克斯·普朗克学会是联邦德国支持的科学研究机构，性质类似于中国科学院。研究所由希策布鲁赫于 1980 年创立，他任研究所所长直至 1995 年退休。它的前身是波恩大学的纯粹数学研究所。

马克斯·普朗克数学研究所成立后，就从波恩大学内迁了出来，并在莱茵河岸市区买了一幢居民楼作为所址。陆启铿有幸参加了当时的乔迁晚会。

当时该所只有一位专职的研究员，即所长，还有几位研究员均由波恩大学的教授来兼职。研究所的主攻方向是代数几何与代数数论，另外在多复变函数论、微分几何及数学物理方面也有一定的研究力量。每年夏天，该所都要举行一次为期一个月的大型工作会议，至少邀请上百名国内外的学者参加，报告和讨论国际上一年来最新的数学成果。

陆启铿第一次访问德国是1981年冬，正逢格劳尔特主持著名的“西格尔”讲座，他邀请陆启铿去哥廷根访问两天并作一次报告，报告中陆启铿强调了西格尔的工作和华罗庚的工作的关系，以及他们对自己的巨大影响。

西格尔是德国著名的科学家，二战期间曾在普林斯顿长期从事研究工作。他的学术观点，与华罗庚的从特殊到一般，从具体到抽象的学术观点十分接近。在他的三卷巨著《复变函数教程》的序言中有这样的话：有人建议他在此书中用现代的语言来写，他拒绝了。华罗庚和西格尔都是以研究数论著名，开始都研究过哈代－利德尔伍德（Hardy–Littlewood）方法与华林（Waring）问题。后来都转而研究多复变，从研究自守函数开始，因为这与数论有关。华罗庚在1946年写的《访苏三月记》中说过，“有了数学这种分析的头脑不但可以应用到自然科学上去，而且可以应用到其他方面去。”果然西格尔应用到天体力学方面去了。华罗庚虽未直接应用到物理，但他的学生把他的典型域的工作应用到物理的典型时空。而华罗庚应用到“其他方面”，即工业与农业上（优选法与统筹法）。西格尔退休后，由格劳尔特接任他的讲座。现在格劳尔特也已退休，接替他的是意大利人卡坦尼斯（F. Catanese）。值得提到的是，后两位讲座教授，在1988年都来北京参加华罗庚国际学术纪念会。

1985年5月陆启铿接到希策布鲁赫所长的邀请，第二次访问马普数学所，这次是四个月，与王启明同行。1985年6月12日，华罗庚在日本东京大学讲坛上倒下去的第二天，马普数学研究所通告牌上，打出“中国最伟大的数学家华罗庚”辞世的消息，并挂上了华罗庚的照片，把联邦德国一家主要报纸的有关报道剪贴在其下面。惊闻恩师的噩耗，陆启铿悲痛异常，联系了丘成桐和正在德国访问的萧荫堂，共同建议开一个国际学术会议纪念华罗庚。

法国高等科学研究所，1982年

法国高等科学研究所（Institute of Advanced Scientific Studies）是一家

从事数学和理论物理尖端研究的机构。它坐落于巴黎南郊的伊薇特河畔比尔镇。高等科学研究所远离巴黎的闹市区，环境不仅十分安静，而且周围的绿化程度相当高。

该所1958年由实业家兼数学家莫查纳（Léon Motchane）创立。它向顶尖的学者提供了一个专心研究的场所，没有教学指标或者行政任务。该所的规模很小，只有十来名教授，此外可以接纳三四十名访问学者。与许多其他研究所相同，高等科学研究所也是向国内外开放的。

该所出版一份数学刊物《高等科学研究所数学出版物》，目前每年出两卷。一些著名数学家曾任或现任该所的永久教授，包括菲尔兹奖得主（以获奖时间为序）勒内·托姆、亚历山大·格罗滕迪克、皮埃尔·德利涅、阿兰·孔涅、让·布尔甘、马克西姆·孔采维奇、洛朗·拉福格和沃尔夫奖得主米哈伊尔·格罗莫夫。

邀请陆启铿在该所进行访问的是当时的所长柯伊伯，他是最早致力于同中国开展数学交流活动的一位法国科学家。该所内学术交流的主要方式是通过办讨论班、利用午饭及茶点时间等。

研究所的研究领域只包括两个方面：数学和理论物理，其中以数学为主。所内设有为数不多的永久成员，其他均为从国内外邀请来的临时成员。这里需要特别说明的是，国外研究所的永久成员，通常并非是永久性固定不变的。但是，这种变化与否却是取决于这些永久成员本身。换言之，永久成员或终身教授的含义是指，聘用的一方不能够随意解聘被聘用的一方，而受聘者在接受了这一荣誉后仍可以自愿辞聘、另谋高就。这样做的目的，可能是为了让教授们安心地长期地研究工作，而不必为生活问题担心。当然，这也是对教授地位的一种尊重。

苏联斯捷克洛夫数学研究所，1988年

斯捷克洛夫数学研究所（Steklov Institute of Mathematics）于1934年4月24日列宁格勒的苏联科学院大会决议成立。斯捷克洛夫向列宁陈述了数学的重要性，并提议成立一个专门从事数学研究的机构。但经列宁批准

后成立了研究所，斯捷克洛夫自己却不当所长。为纪念这位创始人，该所便以其名字命名。

研究所下设 13 个研究室。物理学和力学在该所的研究课题上占一定比重。1940 年研究所迁到莫斯科。

第一任所长是维诺格拉多夫（I. M. Vinogrodov，1891—1983），与华罗庚是老朋友，80 年代初逝世时，华罗庚还曾让陆启铿代拟一封电报去斯捷克洛夫研究所表示哀悼。

第二任所长是博戈柳博夫，学物理出身，参加过原子弹的研制工作，核弹爆炸之后开始全力研究色散关系并因此闻名数学界。他在苏联地位很高，被任命为社会主义国家联合核子所（杜布纳）所长，直到去世。我国著名的物理家，如王淦昌、周光召，胡宁等都曾到过该所工作。在被任命为杜布纳所长后，因工作太忙，便建议由弗拉吉米洛夫接任。

弗拉吉米洛夫对华罗庚的多复变数论的工作相当熟识，曾至少写过五篇讨论第 IV 类典型域的全纯函数的文章，对华先生十分尊敬，但他主要从事数学物理。

斯捷克洛夫研究所曾经有过柯尔莫戈洛夫（A. N. Kolmogorov，1903—1987），彼得洛夫斯基（Petrovski），庞得里亚金（Pongtriyagin），拉夫连季耶夫（Lavranchev），索伯列夫（Sobo1ev），谢瓦拉维奇（Shevarevich），阿诺尔德（Arnod）等大数学家。

1988 年，陆启铿受所长弗拉吉米洛夫的邀请，来到苏联科学院的斯捷克洛夫数学研究所访问。一来到研究所，就发现它与中科院数学研究所有着惊人的相似之处。这不仅体现在建所模式上，就连所址也处于相同的环境中：斯捷克洛夫数学研究所的办公地点位于计算中心大楼的最高两层。中科院数学所占据着计算技术研究所大楼最顶上的一层半。

斯捷克洛夫数学研究所办公室非常拥挤，通常一个研究室挤在一间房之内，里面放有六七张办公桌，看来每个研究室成员未必能分到一张。平时，研究人员若非有什么讨论班或会议便不去办公室，因为那么多人挤在一起，实在无法进行数学研究。这点也和当时的中科院数学所一样。

当然，也有一些不同之处。和当时的中国相比，苏联的食品和日用品的供应相当紧张，但斯捷克洛夫数学所内食堂的午餐却比中科院数学所的好得多，而且非常便宜（一个卢布一顿），可见国家对研究所有特殊的政策。斯捷克洛夫数学研究所集中了苏联最好的数学家，其中具有国际声望者之多，足可与美国普林斯顿高等研究院的数学学院相媲美，而且他们全是本国人。

研究所的研究员卡拉丘巴（Karachuba）把该所珍藏的华罗庚给维诺格拉多夫的书信，全部复印一份寄给陆启铿，后来经李文林研究员翻译成中文，公开发表。

从 1985 年开始，陆启铿的兴趣主要在典型域的格林核、热核的构造研究，他在斯捷克洛夫研究所做的 2 小时的大报告，就是热核的工作。报告之后，弗拉捷洛夫当众向陆启铿提出一个“扩充未来光锥域”是否是全纯域的问题，正是陆启铿把这个课题带回国内，最终由周向宇完成。

第九章
夕阳无限好

关心残疾人公益事业

陆启铿在双腿残疾后明白一个道理，自己人生的 A 弦虽然断了，但用剩下的三弦可以奏出同样美妙的乐章。身体的残疾反而激发了他身心上更多的潜能，在自强自立信条的支撑下，对于别人的照顾他尽量回绝，自己一步一步蹒跚着走入事业成功的殿堂。虽然陆启铿自己感觉身体的残疾并没有给他带来过多困扰，但他对于残疾人的困境感同身受，一有机会就会为改善残疾人境遇而奔走，呼吁社会给予残疾人更多的公正。

在陆启铿主持数学所工作期间，媒体上曾对他的故事做过报道，介绍了作为一个残疾人成为科学院院士的艰辛过程。报道发出后，陆启铿接到了全国各地的很多来信，有的是想交流他取得成功的经验，有的是倾诉作为残疾人遇到的困境。陆启铿对每封信都会认真回复，尽自己所能向对方提出建议。其中一封新疆残疾青年的来信说道，自己在高考中成绩优秀，也希望学习数学专业，但因为腿部有残疾没能被大学录取，对未来的前途非常苦闷。这位残疾青年的遭遇对陆启铿触动很大，他深知教育对一个残疾人改变生存状态多么重要，而残疾人在获取知识过程中要远比健康人付出更大的代价。他很想为这位年轻人做点什么，而作为一个学者，他又深感力不从心。于是，他想到了中国残疾人福利基金会。

中国残疾人福利基金会成立于 1984 年 3 月，它的使命与宗旨是："弘扬人道，奉贤爱心，全心全意为残疾人服务"，华罗庚也是基金会最初的倡议者之一。1984 年陆启铿在赴美国普林斯顿访问前，通过和基金会联系，见到了当时的中国残疾人福利基金会的副理事长邓朴方。见面时，陆启铿提出了自己对残疾人教育事业的一些看法，并把那位残疾青年的来信当面交给了邓朴方。这件事无疑打动了邓朴方，1986 年他在昆明举行的省级干部报告会上特别提到这件事：

> 前些年，有些部门招工和招生的体检标准，要求不适当，把许多有学习能力和有劳动能力的残疾人排除在外，这很不合理。有个残疾青年是全省高考成绩第一名，就因为两腿长度相差三公分未录取。他是学数学的，我到现在也没弄清楚，两腿长相差三公分为什么不能学数学？我们的华罗庚不是伟大的数学家吗？我们数学所的一位副所长、中科院数学部学部委员、研究员陆启铿，是患小儿麻痹后遗症的肢残人，他在新中国成立前上大学，成为专家学者，得到人民的尊重。一些青年人写信给他说：陆老啊，你是在旧社会比我差的条件下，通过自己的努力上大学成为学者的，为什么我们在社会主义社会不能上大学？这就是值得反思的问题了。①

正是在一大批像陆启铿这样有识之士的倡议推动下，随着社会的进步，国家对残疾人事业越来越重视。1990 年全国人大常委颁布了《残疾人保障法》，1994 年国务院颁布了《残疾人教育条例》等相关法律规定，在法律层面为残疾人的教育、就业提供了保障。

① 邓朴方：关于残疾人工作的几个基本问题。中国残疾人联合会网站，2002-11-28。

陆启铿初次出国时，对国外的所见所闻格外感到新鲜有趣，除了在学术研究方面收获颇丰之外，国外对残疾人的特殊关爱也给他留下了深刻的印象。1979 年在去美国加州大学伯克利分校访问时，一下飞机，校方已经为他准备好了轮椅迎接，让他深受感动。考虑到残疾人和老年人的生活需要，在城市里遍布无障碍通道，他可以方便地来往于酒店、学校，甚至超级市场。学校管理机构为了迎接他的到来，会提前调试好为残疾人特备的升降机，让他可以无障碍自由进出。

原来在西方，早在 20 世纪初，出于人道主义的考虑，建筑学界开始提倡无障碍设计。六十年代以后，美国相继出台相关法律，如《美国公共建筑通道及使用国家标准》(1961 年),《建筑无障碍法》(1968 年),《康复法》(1973 年)，都提出了使残疾人平等参与社会生活，在公共建筑、交通设施及住宅中实施无障碍设计的要求，并规定所有联邦政府投资的项目，必须实施无障碍设计。如果违反这些规定遭到投诉，被投诉者会被课以重额罚金。从那时起，陆启铿开始关注无障碍设施的建设。

1988 年，国内的残疾人事业已经取得长足的进步，但是对比发达国家仍有许多不足。陆启铿根据自己的耳闻目睹，并结合国内现状，向中国残疾人联合会和北京市残疾人联合会提出自己对无障碍建设方面的建议，希望能引起社会各界对残疾人需求的更多关注，他的建议包括三个方面：

一是人的素质要提高，观念有待改变。不少人认为，无障碍设施仅仅是为残疾人服务的，部分已建无障碍设施被管理者醒目标为残疾人设施。实际上，无障碍设施使用对象的内涵早已发生很大变化，不仅仅是残疾人，还包括老年人、儿童、临时负重人等所有社会成员。无障碍设施是方便每一位社会成员的人性化设施。

二是无障碍设施的改造和建设，不能仅从经济角度考虑问题。残疾人是一个特殊的社会群体，虽然它只是占人口比例的一小部分，但不能因此而忽视。残疾人在政治、经济、文化、社会和家庭生活等方面，享有同其他公民平等的权利。每一个国家都有弱势群体存在，残疾人则是弱中之弱，他们的生存状态是一个国家文明程度最实际的反映。到一个国家，先别看建筑有多么高大、场馆有多么奢华，就看看残疾人是不是随处可见，再看看他们脸上的表情，你就能对这个国家的社会幸福状况判断出个大概了。

三是要有法律保障，用法律铺平残疾人的生活道路[①]。

1997 年 5 月 13 日在第二届全国自强模范暨扶残助残先进集体、个人表彰大会上，陆启铿被国家人事部和中国残联予了“全国自强模范”的称号，以表彰他自强不息，锐意进取，在科技领域取得突出成绩的事迹。

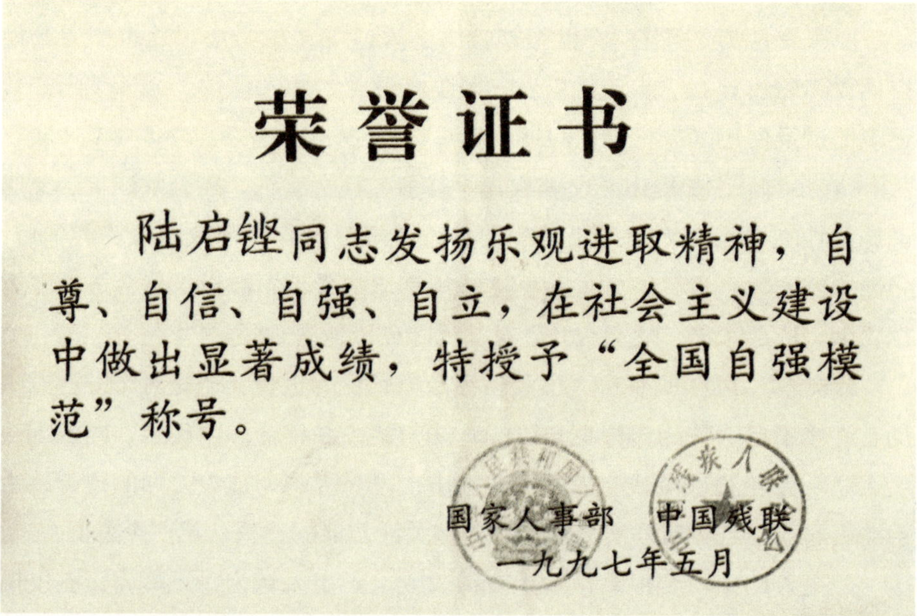

荣誉证书

陆启铿同志发扬乐观进取精神，自尊、自信、自强、自立，在社会主义建设中做出显著成绩，特授予“全国自强模范”称号。

国家人事部　中国残联

一九九七年五月

图 9-1　“全国自强模范”称号证书（1997 年。资料来源：陆启铿提供）

学 术 兼 职

陆启铿为了推广自己在多复变领域的成果，加强数学学科的建设，在 1988 年以后，不顾年事已高，仍四处奔波，先后接受复旦大学、汕头大学

① 文爱平，陆启铿：无障碍城市，我们离你有多远?《北京规划建设》，2007 年第 6 期，第 180-183 页。

等多所大学的聘书，担任特聘教授、兼职教授，继续为中国数学事业发热、发光。其间，他在汕头大学从事教学、科研的时间最长（1994—1998 年）。

汕头大学位于广东省汕头市，成立于 1981 年，是潮汕地区唯一的综合性高等学府，由教育部、广东省、李嘉诚基金会三方共同建设，是近代继厦门大学之后由境外华人实业家集巨资建立的第二所综合性大学，也是全球唯一一所由私人基金会——李嘉诚基金会持续资助的公立大学。

1993 年初，在李嘉诚的支持下，原北京师范大学校长、中科院院士王梓坤教授被月薪万元的高新聘为汕头大学特聘教授（当时普通高校教授工资仅三、五百元），领了国内一时风气之先，在当时国内知识界引起了强烈反响。

王梓坤院士来到汕头大学后，成立了汕头大学数学研究所，希望把其办成华南的数学研究中心。在近一年的时间里，汕大数学所争取到多项国家自然科学基金项目，建成应用数学硕士点，共完成学术论文三十余篇和四部专著。为了加强学科建设，汕头大学向陆启铿和丁夏畦发出邀请。

1994 年 4 月 8 日下午，汕大隆重举行聘任陆启铿院士、丁夏畦院士为汕头大学特聘教授、数学研究所研究员暨该所（开放）学术委员会成立仪

图 9-2　汕头大学聘请陆启铿、丁夏畦为特聘教授（左起依次为：陆启铿、王梓坤、吴文俊、丁夏畦、曾祥金）（1994 年。资料来源：陆启铿提供）

式。参加仪式的有吴文俊院士，张恭庆院士，姜伯驹院士，马志明院士，武汉大学齐民友校长，中山大学李岳生校长，南开大学数学所所长胡国定教授，中山大学数学系主任邓东皋教授、林伟教授等国内著名数学家。

科学院数理学部主任、德高望重的吴文俊院士高度赞扬汕大的新举措，称之为“得仁者昌”，认为这是华南乃至全国数学界的一件大事，将会对我国数学学科的发展起良好的促进作用[①]。陆启铿在会上的发言说，“取法乎上，得乎其中；取法乎中，得乎其下”，希望研究所制定一个较高的发展目标，为走向成功打下良好的基础；他对汕头大学数学研究所办成一个有影响的数学研究所很有信心。他还举出普林斯顿高等研究院的成功案例，数学或理论科学在得到资金支持下，会取得很高水平的学术成果，对李嘉诚的支持寄予了很大希望[②]。

陆启铿在汕头大学期间，教学、科研、学术交流凡事亲力亲为。积极参与青年教师和学生的交流并悉心指导，带动师生勇于创新，整体提升学术水平。1995年，他组织了一次数学物理方面的学术会议，虞言林教授、郭汉英教授、吴可教授到会发表演讲，把自己在数学和理论物理密切联系的心得带到汕头大学。随后，他还邀请到陈省身先生、丘成桐先生来校讲学，介绍数学领域最新的研究成果。

图9-3 陆启铿与李政道（1995年7月，摄于“第一届华人物理学家大会”。资料来源：陆启铿提供）

一时间汕大数学系的学术气氛空前浓厚。教学交流之余，陆启铿完成了《典型流形与典型域（新篇）》（上海科学技术出版社，1997）这部重要著作，成为了自己科研工作的一个新的里程碑。

① 汕头大学举行聘任陆启铿、丁夏畦院士暨数学所（开放）学术委员会成立仪式。《汕头大学学报》，1994年，第2期，第13页。

② 杨小舟访谈，2013年8月4日，北京。资料存于采集工程数据库。

1995 年 7 月，陆启铿参加了在汕头大学举办的“第一届华人物理学家大会”，杨振宁、李政道、李远哲、丁肇中等 4 位获得诺贝尔奖的华人物理学家，获美国总统自然科学勋章奖的朱经武院士和获沙特阿拉伯国王奖的朱棣文院士，以及周光召、陈佳洱、冯端等 17 位中国科学院院士等一大批国内外著名科学家应邀出席会议，并在大会做学术报告，大家展望 21 世纪，展示物理学领域的新成就，探讨新的研究课题以及地区间合作，为专家学者聚会与交流提供良机，成为一次历史性的盛会。

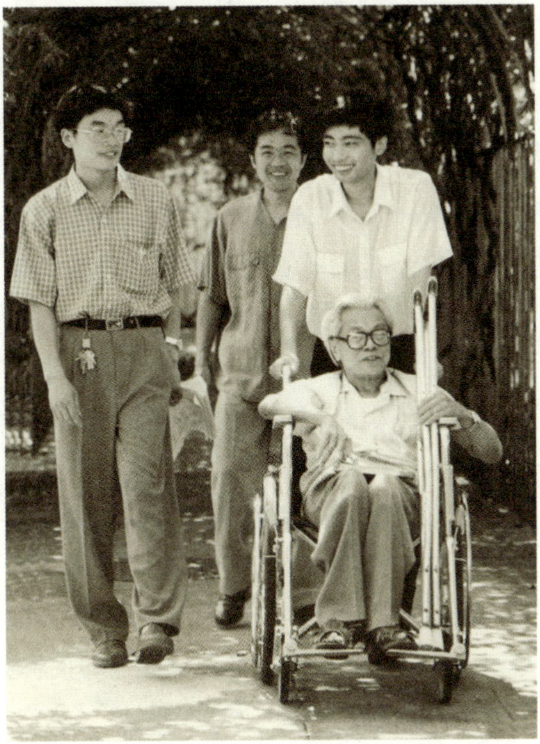

图 9-4　陆启铿在汕头大学（1995 年。资料来源：陆启铿提供）

美国的《科学》杂志还为此做了一个中国专辑，其中汕头作为中国城市的代表出现在封面上，在国际学术舞台上让更多的人了解了汕头和汕头大学。

陆启铿是 1998 年离开汕头大学的，在这以后，有一批受教于他的青年教师和研究生成为知名的专家，每每忆及能为大学的数学教育所做的点滴工作，陆启铿深感欣慰。汕头大学开放的办学经验对后来促进全国科学教育界条件的提高和学术界的人才交流，起了宝贵的示范作用，有深远的现实意义。

陆启铿为促进纯粹数学和应用数学共同发展，推动科研成果在企业转化方面也倾注了自己的心血，先后被聘请为科学院应用数学所的兼职研究员和四通利方公司的顾问。1994 年 6 月四通利方信息技术有限公司和中科院数学所合作协议的签字仪式在中关村五所校区学术报告厅举行，中科院胡启恒副院长、基础局钱文藻局长，数学所杨乐所长，四通集团公司沈国钧董事长、段永基总裁，四通利方公司王志东总经理参加了签字仪式并在会上发表讲话，祝贺数学所和四通利方公司的成功合作①。

四通利方公司是四通集团公司所属公司。四通集团是在电子信息产业中实现科技成果的商品化和产业化的先驱和践行者，是当时中关村五大“科、工、贸”龙头企业之一（四通、信通、京海、科海、联想）。四通利方公司则是研制和销售计算机软件为主的高科技企业，技术力量雄厚，它所研制的利方多元系统支撑环境（Wi MATE）等产品以高水平著称，这时已成功地进入市场。

中科院数学所主要从事数学基础理论的研究，计算机科学方面研究力量雄厚。

双方展开合作后，数学所将提供计算机软件的研究成果，由四通利方公司实现商品化。四通利方公司还将捐资支持数学所的基础理论研究，并为研究生设立“四通利方奖学金”。他们的这一举措成为“产、学、研”一体化进程的又一成功案例。

在合作协议签字的同时，还举行了四通利方公司正式聘请陆启铿院士、王元院士为该公司顾问的仪式。正是老科学家们的建言献策，四通利方公司实现高速发展，成功打造了中国排名第一的互联网中文门户网站“新浪网”。

心系学科建设

陆启铿始终以弘扬数学的学科建设为已任。在繁忙的学术活动之余，只要有机会，他都会积极地进言献策，宣传数学学科的重要性，希望得到更多的重视和支持；介绍自己对数学研究的经验和体会，倡议有更多的青

① Z370-460，北京四通利方信息技术有限公司与中科院数学所协议书。存于中科院档案馆。

年才俊投身到数学领域的研究。

联合国教科文组织通过决议，决定2000年为国际数学年。借此，在瞻望新世纪的年代，总结20世纪的成就，预测和规划21世纪的学科发展的前景，并大力向公众普及数学知识，贯彻关于“使数学及其对世界的意义被社会所了解，特别是被公众所了解”的宗旨。

英国数学家阿提亚爵士[①]说过：“21世纪几乎肯定会把数学再转变为全人类的活动。当中国产生的数学家与其人口的规模成比例的时候，当电子通信趋于成熟之时，这种前景是清晰可见的。”在这一年，陆启铿发表了“建议将数学列入国家重大基础研究规划中”一文，提出“面对世界一流科学家对中国数学潜力的估计，我们应该迎接这个挑战，制定数学在21世纪进入世界最前列的规划”[②]。透过这篇文章，我们可以看到一位老科学家在数学学科建设上的真知灼见。

> 数学不但受其他科学，而且受社会的变化影响。科学，包括数学，是“社会结构”，这样一种思想已经获得了坏名声，而且（这种思想）可能是有害的，但它包含了一点点真理。粗略地看一下历史和地理便知道，我们所从事的科学、我们所用的方法，以及科学进步的速度和程度，无疑地受到我们所生活于其中的社会的影响。我们需要自由地思考与交换的想法，而无须害怕宗教法庭，或者它的现代变种。若我们要充分施展我们的潜能，我们就需要（通过）教育和书籍来学习我们的传统，我们还需要财富的支持，并且我们需要一个丰富的知识环境作为回报，我们必须做出我们对社会的贡献——对它的文化、它的科学和它的经济。实质性的获益是可预期的。
>
> 20世纪曾经有巨大的政治与社会变革（并非所有皆有益）。一个结果是，对数学的机会大大增加了。技术提供给我们瞬间的全球范围的通信，而经济的繁荣使得数以千计的数学家能以此为生。也许

① 阿提亚爵士曾在1980年来中国参加了第一次国际“微分几何、微分方程”会议，1992年率领英国皇家学会代表团访问过中国科学院，并做了报告。他对中国的数学情况有相当的了解。

② 陆启铿：建议将数学列入国家重大基础研究规划中。《院士建议》，2000年，第382–385页。

Newton 、Gauss 、Ramanujan 们（的人数）并没有成比例地增长，但这是由其他因素造成的。20 世纪把数学从少数半业余人员运作的手工业转为由一支职业的军队运作的全球性工业……

当我们看到在我们一生中数学出现的变革，以及更大的变革将来临时，人们可能变得悲观：数学能继续这种增长的速度而仍然保持为我们所钟爱的学科吗？我个人仍然乐观，因为有两个客观的理由支持这种乐观。第一个乐观的理由是这门学科悠久的历史与连续性。如果牛顿、高斯，甚至阿基米德回来了，我相信他们，经过短期学习新的术语之后，会了解并且赞同所取得的进展。第二个乐观的理由是数学已证明了它有持久的能力，并以综合前人的工作与注入新的思想（有一些是来自现实世界）的方式更新自己。只有如此，年轻的数学家才能保持冲在前头。

……今天的数学科学是如何的丰富、如何的博大、如何的精深，而问题在敦促我们（提防）是否数学由于其他科学的命运而暗淡下来。这些科学已分裂为各个分支，它们的代表人物很少互相了解，而它们之间的联系日益松散。我不相信这个，也不希望如此。据我看来，数学科学是不可分割的整体、一个其活力在于它的各部分是相互联系的有机物。不管数学知识的各种各样，我们仍然清楚地意识到其中逻辑机制的相似性，以及数学作为一个整体概念上的联系以及不同分支之间众多的类似。我们也注意到，一种数学理论越向前发展，它的构造过程便越调和一致，而在数学的不同的学科分支之间显露出无可怀疑的联系。因此，随着数学的发展，它的有机性并未消失，而是更清晰地显示出来。

但是我们会问，随着数学知识的扩大，是否会使单独的研究者最终不可能知道这门学问的所有分支？作为回答，让我指出在数学科学中下述现象是怎样地根深蒂固的，即每个实际的进展都与比较有效的工具和比较简单的理论的出现是不可分的。同时，这些工具和理论的出现也有助于理解先前的理论并扬弃较老、较复杂的发展。因此对于研究者个体，当他用自己较有效的与较简单的方法，找到进入数学的各个分支时，他自己比较容易的途径的可能性，就比其他科学更大。

数学的有机统一性是这门学科所固有的，因为数学是自然现象的所有精确知识的基础。愿它能完成这个崇高的使命，愿新世纪给它带来天赋的大师与众多忠实并热情的信徒。

除了关心自己所研究的领域——数学的发展之外，陆启铿也关心着国内的整体科研学术环境。2005 年，他联合多位院士，对自然科学学术期刊的发展方向提出重要建议，引起国家的充分重视。

自 2002 年党的十六大召开以来，我国的文化事业体制改革进一步深化。2005 年，新闻出版改革在试点工作的基础上拟全面推开。中央把文化单位分为两大类：一类是公益性的事业，即为公共事业服务、隶属于国家的一些事业性质的部门；另一类是经营性的产业，它以生产的产品上市，通过市场实现它的价值。同时，中央对区分新闻出版单位的性质的问题提出了明确的界定，明确了党报、党刊、电视台、广播电台和人民出版社（或者是无盈利能力的政策性出版社）为非营利机构，按事业单位管理；除此之外的新闻出版单位，报纸、期刊、音像电子出版、图书出版社，基本上要逐步分期分批转制为企业，按照市场化、企业化机制运行。

由于界定中没有明确提及自然科学学术期刊，使学术期刊面临缺少财政支持的困境，这引起了科技界和科技期刊界的广泛关注[①]。

为了保证学术期刊的科学严肃性，应对学术刊物的市场化进行适度控制和严格管理，为此，2005 年，陆启铿和刘振兴、陈运泰、曾庆存、赵忠贤、吴国雄、黄荣辉、朱日祥、王佛松、陈翰馥、张广学、梁敬魁、朱邦芬、杨福愉、张仁和等 14 位院士，联合署名发表了文章“关于自然科学学术期刊纳入公益性事业管理的建议”。这一建议对于提高我国自然科学学术期刊的质量，继而维护科学技术和基础研究良好的学术环境具有重要的意义。因而，这篇文章被多家期刊转载，提出了下面的建议：

---

① 刘振兴：关于自然科学学术期刊纳入公益性事业管理的建议。《中国科技期刊研究》，2005 年第 4 期，第 437–438 页。

我们认为，科技期刊出版既是出版事业的一个组成部分，更是科技事业的重要组成部分。自然科学学术期刊本身是科学技术研究中的一个重要环节，这是由学术期刊的本质和属性所决定的。

自然科学学术期刊是自然科学知识的主要载体，是反映一个国家科技学术创新水平的窗口。基础研究和应用基础研究所获得的新发现、探索到的新规律、创立的新学说、创造的新方法和积累的新知识，首先发表在学术期刊上，才能交流、推广，得到社会的承认。我国学术期刊，是随着科学研究工作中学科的建立而诞生，随着科学研究事业的发展而发展起来的，它的办刊宗旨决定了学术期刊的发展模式。各学科领域的学术期刊和科学研究密切配合，形成相互推动发展和良性循环的可持续发展过程。如“地球空间双星探测计划”就是一个范例。各学科都有这样的范例，不一一列举。

自然科学学术期刊是具有物质形式的高层次的精神文化产品，其价值主要是首先体现为其精神产品的原创性和科学性，也就是说，学术期刊的精神内涵科学价值和学术水平才是它存在的真实意义和本质价值。它的价值不能仅从发行量及其自身经济收益来衡量（专业读者面窄，发行量较少，经济收益也较低），但是许多学术成果最终可转化为生产力，它为社会带来的巨大财富远远超过期刊自身的收益。因而，它的主要价值体现在推动人类认识自然、适应自然，利用自然规律，不断促进生产力的发展，进而推动人类社会、经济的不断发展。总之，学术期刊在推动科技进步和社会发展的过程中，具有不可替代的、难以估量的作用。

自然科学学术期刊发行形式上看像是商品，它主要是通过知识的传播、交流、转换、存储来显示其价值，因而具有商品属性，但它的使用价值是间接的、潜在的，无法在市场交换中体现出一般商品的等价交换的原则，商品属性不是它的本质属性，学术性才是它的根本属性，这一点早已是科学界的共识。可见，自然科学学术期刊是一种特殊商品，其出版是公益性事业，在融入市场中它的主要任务仍然是在获取最佳的社会效益，这是它的本质属性所决定的。

……

为了巩固学术期刊改革发展的成果，正确引导学术期刊在知识创新体系建设中的作用，我们建议：

（1）自然科学学术期刊应纳入非营利性政策性出版事业，作为公益性事业来管理。

（2）自然科学学术期刊作为科技工作的一个重要组成部分，自然科学学术期刊不仅仅是出版物，更重要的，还是科学技术产出的重要载体，应由管理科学技术的部门——科学技术部来统一进行宏观管理。

科技部设立“国家期刊专项基金”，资助优秀的学术期刊走向国际化。

（3）建议科技部更新、完善科技期刊的管理办法或条例。按照科技期刊的现状和发展，确立科技期刊的地位，管理科技期刊和解决科技期刊发展中出现的问题，并建立相应的促进科技期刊发展的配套政策。如，建立科研成果评价、人才评价与自然科学学术期刊评价相配套的政策等。

（4）科技期刊需要分类管理。

首先科技期刊与社科类应分类管理；其次是科技期刊中分类管理须进一步细化，并按学术期刊、科普期刊等各类分类管理，并制定相应的管理政策。

老而弥坚

陆启铿自 1978 年重返多复变领域的研究之后，他已把 20 多年前由自己开拓的有界域的施瓦茨引理的证明工作，进一步从低价微分推广到高阶导数，并与他的学生陈志华及美籍华裔学者郑绍远一起推广施瓦茨引理到适合一定曲率条件的完备的卡勒流形上。他证明了截曲率为非正的卡勒流形的截曲率平方，必小于或等于这两个截面的全纯截曲率之积。这些成果是完善施瓦茨引理的关键工作，文章已经发表在《中国科学》上。

从 1985 年开始，陆启铿的兴趣主要放在典型域的格林核、热核的构造研究。这项研究起源于 1980 年科恩邀请陆启铿到普林斯顿访学时，和斯泰恩（Stein）的一次巧遇，当时他送给陆启铿一部专著，里面介绍了斯泰恩构造的超球格林函数。陆启铿读后提出，能否构造两个超球拓扑积的格林函数，斯泰恩称还没有进行这方面的研究。陆启铿在 1984—1985 年第二次访问普林斯顿高等研究院时，恰逢斯泰恩也同期在这里访问，陆启铿又提及上述问题，斯泰恩称还没有研究出结果。陆启铿回国后经过 5 年的苦心研究，终于在 1990 年实现突破，他发现构造格林函数不如先构造热核，再对热核的时间 t 积分就是格林函数。陆启铿把结果写信告诉斯泰恩，斯泰恩也茅塞顿开，回信祝贺陆启铿的新成果。稍后，陆启铿又发表了一套构造非紧对称空间热核的方法，这些成果总结在《典型流形与典型域（新篇）》这部专著中，是陆启铿晚期学术活动的重要成果。

陆启铿先后获得多项国家级奖励，以表彰他的学术成就，下面是对陆启铿获奖的总结：

国家自然科学奖，1987年

国家自然科学奖是用于奖励在数学、物理、化学、天文学、地球科学、生命科学等基础研究和信息、材料、工程技术等领域的应用基础研究中，阐明自然现象、特征和规律、做出重大科学发现的个人奖项。

1987 年，陆启铿的研究成果“典型流形与典型域”，获得国家自然科学三等奖，以奖励他在多复变领域的杰出成就。

华罗庚数学奖，1992年

“华罗庚数学奖”是为纪念在纯粹数学和应用数学方面均做出卓越贡献的数学家华罗庚先生，并以资鼓励那些为发展中国数学事业而孜孜追求的数学家。由湖南教育出版社捐资，与中国数学会共同主办的“华罗庚数学奖”，每两年评奖一次。遵照华罗庚数学奖奖励条例，该奖主要奖励长期以来对发展中国的数学事业做出杰出贡献的我国数学家，获奖人年龄在 50 岁至 70 岁之间。获得这一奖励的数学家都具备较高的学术水平，引起了国内外数学界的瞩目，对促进我国数学研究起到了积极作用。

“华罗庚数学奖”由中国数学会负责评奖与颁奖工作。中国数学会常务理事会决定组成评奖委员会，其成员为本会正副理事长、秘书长和个别专家组成，他们都是知名数学家。评奖委员会随中国数学会理事会换届而换届（四年一届）。“华罗庚数学奖”自 1992 年开始设立以来，已连续举办了九届，每届 2 人，每人奖金为 10 万元人民币，由国家领导人出席大会并为获奖者颁奖，“华罗庚数学奖”在海内外数学界的影响越来越大。

1992 年 11 月 4 日，中国首届“华罗庚数学奖”在北京颁奖，科学院院士陈景润和陆启铿荣获此次“华罗庚数学奖”。陈景润以其在解析数论中哥德巴赫猜想等方面的重大贡献著称于世，陆启铿教授由于在多复变函数论方面的杰出研究享誉国际数学界，他们获此殊荣正所谓名至实归。华罗庚数学奖评委会主任杨乐在颁奖仪式上说：“他们荣获首届‘华罗庚数学奖’，是 40 年刻苦钻研的结果。”陆启铿在颁奖典礼上说：“我感到非常荣幸，获得了以培养我多年的导师华罗庚为名义的数学奖。我同时感到意外，因为我之所以同意数学所推荐我申请华罗庚奖，仅仅是出于对我的老师华罗庚的纪念，而不是由于我自认为比和我差不多同龄的数学家工作得更好。”“我的一些成绩的获得，是由于有渊博的华罗庚老师，有老师为我安排的多复变函数理论这个终身从事的研究方向，有一个当时全国最好的研究数学的环境，有不少著名数学家为我学习借鉴提供最有利的条件。”“我仅仅是在渊博的华罗庚的四个研究领域（数论、代数、多复变函数、应用数学）中的一个方面（多复变函数）跟他学习。这是取法乎上，但仅得乎中。如果我有一些成绩的话，则远逊于华老的成就。”

何梁何利奖，2001年

何梁何利基金是由何善衡慈善基金会有限公司、梁稌琚博士、何添博士和利国伟先生之伟伦基金有限公司捐款于1994年在香港注册成立的公益性科技奖励基金。

该基金的宗旨是：促进中国的科学与技术发展，奖励取得杰出成就的科学技术工作者。何梁何利基金“科学与技术成就奖”授予长期致力于推进国家科学技术进步、贡献卓著并取得国际高水平学术成就者。获奖人每年不超过5人，各颁发奖励证书和奖金100万港元。何梁何利基金“科学与技术进步奖”授予在特定学科领域取得重大发明、发现和取得重大科学技术成果者，尤其在近年有突出贡献者，获奖人颁发奖励证书和奖金20万港元。

2001年9月，经专家提名、推荐、初评评议和终审评定的严格程序，陆启铿荣获何梁何利基金“科学与技术进步奖”、“数学力学奖”。

《中国科学：数学》优秀论文奖，2013年

《中国科学：数学》自2012年6月起，对本刊英文版2007年1月至2011年12月出版的文章共1029篇，开展了优秀论文评选活动。首先由编委会推荐候选文章，接下来于2013年5月至7月，邀请投票专家对候选文章投票。综合考虑推荐意见、投票结果、所属学科以及引用情况，主编提出建议名单并征求各位副主编意见，确定3篇优秀论文和5篇优秀论文提名文章。

《中国科学：数学》第一届“优秀论文奖”授予陆启铿2008年在《中国科学：数学》上发表的文章“Holomorphic invariant forms of a bounded domain”和彭实戈的“Survey on normal distributions, central limit theorem, Brownian motion and the related tochastic calculus under sublinear expectations”、张寿武的“Arithmetic of Shimura curves”。陆启铿的这篇文章把 C^n 中有界域全纯安装在秩为n的无穷维Grassman流形中，用1979年提出的协变微及典型流形的方法，得出n个全纯不变微分式。丘成桐在一次报告中，提到此工作。

陆启铿本人淡泊名利，并不热衷于各种评奖，很少主动申报奖项。他

所获得的奖项多是评奖机构出于公允，对他在数学领域的杰出贡献做出的客观评价和褒扬，他受之无愧！

回首与感恩

2006年6月5—9日，为了庆祝陆启铿80寿辰，在北京召开了“多复变国际会议”（2006 International Conference on Several Complex Variables），此次会议的主要报告结集出版，由《中国科学：A辑 数学》（*Science in China*，2008，vol.51，No.4）刊发特刊，专辑扉页的标题是“A special issue dedicated to Professor LU QiKeng on the occasion of his 80th birthday”（专辑——庆祝陆启铿教授八十大寿），中间是陆启铿在办公室的一张照片。

在这次大会上，国内外著名数学家和陆启铿的学生济济一堂，大家共同回忆了陆启铿几十年深耕多复变领域的艰辛历程，对陆启铿在纯粹数学领域和理论物理领域取得的杰出成就做出高度评价，衷心感谢他在数学教育事业上的呕心付出，对今天的桃李满天下表示由衷欣慰，同时祝贺陆老八十大寿快乐、预祝他健康长寿。

会议上多位数学家做了主题演讲，全面介绍了多复变领域的最新学术成果，并对学科未来的发展趋势进行了深入探讨和展望，对国际间的学术合作进行了深入沟通。

会议主办方是中国科学院数学与系统科学研究院。会议的学术委员是：刘克峰（加州大学洛杉矶分校，曾是陆启铿的硕士研究生），萧荫堂（哈佛大学），丘成栋（伊利诺伊大学芝加哥分校），周向宇（中科院数学与系统科学研究院，曾是陆启铿的博士研究生）。

会议的组织委员是：李庆忠（首都师范大学，曾是陆启铿的博士研究生），刘泰顺（中国科学技术大学），陆克平（河南大学），谭小江（北京大学，曾是陆启铿的硕士研究生），王世坤（中科院数学与系统科学研究院），吴可（首都师范大学，曾是陆启铿的硕士研究生），杨洪苍（中科院数学与系统科学研究院，曾是陆启铿的硕士学生），周向宇（中科院数学与系统科学研究院，曾是陆启铿的博士研究生）。

众多国内外知名学者都参加了此次会议，做大会报告的主要有：丘成桐，萧荫堂，P.Dolbeault，E. Viehweg，J.E. Fornaess，丘成栋，N. Mok，J.P.Bourguignon，C.O. Kiselman，Edoardo Vesentini，S. Gindikin，B. Wong，钟同德，P. Yang，H. Esnault，陈志华，J. S. Bland，E. Straube，M. Teicher，Th. Peternell，A.G. Sergeev，D.C. Chang，郭汉英，黄小军，B. Shiffman，管鹏飞，Bruno Namorado de Oliveira，殷慰萍，虞言林，张金浩，洪毅等人。

2006 年 6 月 6 日，在北京翠宫饭店举办了隆重的生日晚宴，庆祝陆启铿八十岁生日。陆启铿作了深情地发言：

亲爱的朋友、各位同仁，大家晚上好！

首先请允许我借此机会对参加今天晚宴的所有人表达我最热烈的欢迎和最诚挚的谢意。

在今晚这个特别的时刻，回想我的学术生涯，我发现自己是个非常幸运的家伙。幸运可以追溯到 55 年前，当时华罗庚教授从国外回来，开始创办中国科学院数学研究所。那时，我还是一个刚刚从中山大学数学系毕业的学生。幸运的是，我被华老选中，参与到了数学所的筹建中。从此华老的指导让我终生受益。多年以后，我打算去美国进行学术访问，但是这让中科院外事局很挠头，因为我可能会遇到不便。伍鸿熙教授写了一封信告知，在美国残疾人有各种优先权、照顾，这是我的第二次幸运。这封信打消了外事局的担忧，立即通过了我的出国申请。从此，我的任何出国申请都顺利通过，这使我得

图 9-5　2006 年陆启铿在生日宴会上发言
（资料来源：陆启铿提供）

以经常出国访问，到过美国、德国、法国、瑞典、意大利、俄国和日本。这些访问使我开阔了眼界，了解到这些国家的数学研究水平，认识到中国数学研究的差距。

我是一名普通的中国数学工作者，没有做出十分杰出的成就，对中国数学界没有做出多大的贡献，在这里唯一值得一提的是，自从邓小平的改革开放政策之后，我坚持与国际数学界进行学术交流，使相当多的学者和学生出国深造、学术研究。我记得，经华老同意后，以华老的名义，我邀请过许多世界著名的数学家来华访学，其中有伍鸿熙教授、丘成桐教授、萧荫堂教授、陈省身教授、杨建平教授，以及伯雷尔教授、希策布鲁赫教授，卡尔松教授，韦森蒂尼教授，柯伊伯教授，格劳尔特教授，格里菲斯教授，弗拉吉米洛夫教授。这些著名学者作了报告，与中国数学家进行了交流；他们在中国的活动受到了极大关注，对中国数学界产生了重要影响，尤其是对年轻一代。这里，我想指出，但是我们只能让这些学者免费住宿，而无法支付其他费用和酬金，他们都是自己支付来华旅费。然而，我们的学者和学生大多都受到了他们经济上的资助。我对他们的慷慨帮助和支持感激万分！

现在，我想借此机会感谢我中国的同事。首先，我想感谢的是吴文俊教授。年轻的时候，我听了吴先生很多的报告，并从中学习了大量新鲜的几何知识。我还要感谢我的合作者，感谢中国科学院数学所，感谢管理部门的同志，感谢我的学生们——他们有的已经成为我同事。如果没有你们在工作和生活上善意的帮助和支持，我不可能活得如此快乐、更不用说庆祝自己八十岁生日了。

再次感谢你们，我的朋友和同事们！

出于对中国数学家的景仰，著名传记作家纳萨尔[①]在2006年夏天专程来到中国，采访陆启铿。这时正值陆启铿女儿陆缨带两个儿子回国为父

① 西尔维娅·纳萨尔（Sylvia Nasar），《纳什传》的作者，这本书荣获1998年美国国家图书影评人协会奖，“普利策奖”提名，并于1999年入围“罗纳普朗克奖”。根据这部书拍摄的电影“美丽心灵”（A Beautiful Mind）获得奥斯卡金像奖。书中生动描述了著名数学家、经济学家纳什的天才以及他和精神疾病做斗争的过程。

亲祝寿，便由她做现场翻译，能见到在美国耳熟能详的著名记者，让陆缨兴奋异常。

采访是在数学所陆启铿的办公室进行的。首先，她代表普林斯顿大学科恩教授送给陆启铿一只金笔，作为生日礼物和友谊的象征。然后开始提问，写笔记和录音，做了细致的采访。① 临行，陆缨提起在美国就看过纳萨尔的书和电影，很喜欢她对纳什的生动刻画，这让纳萨尔兴奋不已，答应一回到美国就寄出亲笔签名的原著，送给他们父女。②

陆启铿自己这样谈到过他对科研工作的体会："有些问题很多人以为没有问题，放过去了。可是你只要认真思索，不放过疑点和难点，进而去多方面找一些解决问题的方法，总是会有所收获的，许多创新也常从中引发。"他还常对学生说："我不是天才，做出一些工作完全是下苦功的结果。"③ 陆启铿就是以这种严谨的治学态度对待科学研究的。

时至八十七岁，陆启铿勤耕不辍。他认为，自己的老师华罗庚先生在讲台上讲完了课才倒下的，自己也一定引以为榜样，尽到最大的努力。他每天上午仍坚持到办公室工作，时常还会参加数学院里的学术报告或者讨论班。

2014 年 12 月的一个下午，笔者因为要核对传记中照片的说明，来到陆启铿院士家里。公事谈毕临别时，陆先生淡淡说道："最近经常咳嗽，去医院做了检查，是肺癌，晚期。"笔者的脑子刹那间仿佛凝住，再向老人望去，依然平静、安详，并无异样。想起不久前还在中关村家乐福超市与先生偶遇，先生自驾着电动车游走于货架之间，简直不能相信这一噩耗。笔者一时不知说什么才好，只能看着老人手指间尚燃着的香烟，喃喃道："先生该少吸些烟，多保重身体。"

一个月之后，笔者又去拜访陆老。这时，因出门时跌倒、骨折，陆先生只能卧床了，床旁是老伴儿木兰女士在精心照顾。陆先生显得略清减

---

① 陆启铿访谈，2013 年 4 月 30 日，北京。资料存于采集工程数据库。

② 陆启铿女儿陆缨应笔者请求，回忆了过去的一些事情，此为其中一件。

③ 周发勤：陆启铿传。见：《科学家传记大辞典》编辑组编，《中国现代科学家传记（第二集）》。北京：科学出版社，1991 年，第 126 页。

图 9-6　陆启铿在数学与系统科学研究院（摄于 2014 年。资料来源：杨静提供）

些，精神依旧矍铄，简单谈了治疗情况，就不再更多言及病痛。

2015 年 8 月 31 日，陆启铿院士因病医治无效，在北京不幸去世，享年八十八岁。

斯人已去，陆启铿院士永远活在我们心中，他的业绩，他的精神不朽！

结　语
A 弦断了，仍奏出精彩的人生乐章

陆启铿院士把数学作为终生的职业近七十年。回顾这漫长的岁月，陆院士既有不幸，也得到了命运深深的眷顾。说到不幸，陆院士自幼双腿残疾，始终没能体验到常人健步如飞之乐。而他的辛勤付出，命运也不吝回报，学术上令世人瞩目的成就。

性格对成长的影响

性格成就人，也决定人一生的成败，这在陆启铿的成长道路上得到准确的应验。

陆启铿在幼年承受了太多的波折，经历并不快乐。先是作为大人获利的工具，早早离开家人被送作养子，没能达到目的时，自然免不了遭受恚嗔。继而不幸染病，双腿落下终身残疾，在那个缺少关爱的时代，无疑是被嘲笑的对象。步入少年，又遭遇战争、家道中落，成了家中的负担。一个懵懂的孩子接连遭遇到这一连串的不幸，心中的压抑、苦闷，甚至于无措的恐慌可想而知。但是陆启铿并没有被多舛的命运所压倒，在沉默中思考出路，苦难反而磨砺出他不同寻常的性格。

陆启铿坚忍、执着的性格特点，在他成长过程中起到决定性的作用。

在逃避战乱迁居澳门时，陆启铿腿疾发作，只能终日卧床，而家人奔波于生计，无暇顾及他，伴随他的只有孤独和苦闷。虽然绝望，但陆启铿在沉默中并没有停止对未来的思考，在听到前辈的一句鼓励：“你的A弦断了，应该用其他三弦把你的生命之曲奏完！”他把长期的思考凝聚成坚定的信念，认定继续求学才是改变命运的唯一出路。在这个信念的支撑下，少年陆启铿以超越年龄的毅力和顽强，只是凭借几本教科书就自学完成了初中学业。在以后的求学道路上，陆启铿虽然生活屡陷困顿，学业却未因此中断。

在开始从事学术研究之后，这种性格的作用尤其明显。新中国成立之初，国内只有寥寥数人对多复变函数论有所了解，华罗庚也是在四十年代末才对这一领域发生兴趣。当时既无这方面教材，与西方的学术交流也基本中断的情况下，陆启铿把多复变函数论作为自己的研究方向，其难度可想而知。他从核对、演算华罗庚的“典型域的完备正交归一函数系及其核函数”开始，了解多复变函数论的基本概念和研究技巧。翻译、编写完成《多复变函数与酉几何》，成为国内第一本相对系统的多复变函数论教材。会同钟同德、龚升在数学所组织了多复变函数论讨论班，开始培养、建设基本研究队伍。在完成多复变函数论最初的开拓性工作之后，他开始对该领域的世界难题发起冲击，在完成“多复变函数论的Schwarz引理”（“陆启铿引理”）之后，终于在1966年发表了成果“关于常曲率的Kähler流形”（“陆启铿猜想”）。陆启铿正是凭着对科学事业的执着，十数年持之以恒，通过不懈的努力，积小成以成大成，在多复变函数论领域的研究达到了一个国内外令人瞩目的高度。

科学是在质疑中发展起来的，陆启铿对于权威的不过分迷信，对他的学术研究有很大帮助。

幼年时，他在大人的安排下过继给婶娘，没有得到预想的结果便遭受冷遇，自己要承担莫名的责任，他感到委屈，也变得有些桀骜不驯，开始对大人的一些决定产生怀疑。这件事影响到了他以后的性格，尊重权威，但不迷信权威。

1964年，陆启铿参加了法国数学家勒雷学术讨论班，在分析“复流形上的微积分”的文章时，对柯西－范塔皮公式产生怀疑，认为没有进行很好的拓广。陆启铿随后通过采用构造性方法，构造出了适当的循环与外微分式，推导出华罗庚典型域的柯西公式，并且证明苏联阿京伯格在当时得出的一些柯西公式是勒雷建立的公式的特例。陆启铿的这项成果，推动了勒雷学说实质性的发展，在后来的时间里，得到勒雷本人的高度评价。通过对一些已经公认的科学成就进行质疑、举出反证，进而完成这些命题的推广和拓展，使得陆启铿在多复变函数论领域的研究长期在国际上保持活跃状态。

陆启铿的性格还有追求完美的理想主义色彩。

陆启铿因残疾曾经遭遇到不少人的“白眼”。为了免遭歧视，他无论做什么事情，都下足功夫，务必追求尽善尽美。中学时期，因为身有残疾，很多运动不能参加，他学会了游泳，在海滩上一游就是几公里之远，学期考评时，体育竟也不居别的同学之后。游泳成他主要锻炼方式，来到北京，还经常在颐和园留下畅游的身影，这也是他保持健康身体和旺盛精力的原因之一。

这种追求完美的性格，成年以后则转化成严谨的治学态度。在长期的学术研究活动中，陆启铿厚于基础，专于所学，不曾有丝毫马虎。陆启铿的演算稿条理分明，演绎严密，即使有修改的地方，也是一丝不乱。对于科学命题的务求详解，使得陆启铿取得了异于常人的学术成就。当然，理想主义在现实生活中也有碰壁的时候，也导致他在数学所常务副所长任上悲情地去职。

职业选择对成长的影响

在陆启铿成长的道路上，数学方面的禀赋和兴趣起到了重要作用，职业的正确选择成就了事业上的成功。著名数学家马宁（Yuri Manin，1937—）① 曾经说过：“并不是我们选择了数学作为职业，而是它选择了我们，它选择了某种类型的人，就全世界范围来说，在每一代人中也就数千

① 马宁，俄罗斯人，美国西北大学评议会主席和数学教授，德国马普数学研究所荣誉退休教授，曾任1998年菲尔兹奖评选委员会主席。

人而已，他们全都带有被数学选中的那种人的印记。”[①]

陆启铿自幼对数字极为敏感，对数学有浓厚的兴趣，到了高中时代，更是凭借在数学课业上的特长，多次以班上第一名考取“清贫奖学金”，使高中学业得以顺利完成。报考大学时，他放弃了当时收入颇丰的“工学”、“农学”方向，考入中山大学数学天文系，选择了从事数学研究作为自己未来的职业，事实也证明了这一选择的正确和明智。

陆启铿在数学领域取得的成就，是与华罗庚的倾力提携分不开的。在两人的交集过程中，是陆启铿对数学的异禀，引起了华罗庚的关注。华罗庚归国途中在香港中转时，曾在广州小住，被盛邀到中山大学做了一次学术演讲。陆启铿这时刚要毕业，将在学校任助教，对数学怀有浓厚兴趣的他自然不会缺席这个难得的机会。听过演讲，他既敬佩华先生的人格，更钦服于他精深的学术造诣，马上去信介绍自己学业、工作情况，表达了希望成为华先生的学生的强烈愿望。这才有了华罗庚不厌琐碎，亲自协调各方关系，把陆启铿调进数学所筹备处自己的身边。通过进行“华氏训练”，陆启铿的神速进步，又让华罗庚眼前为之一亮，开始把他引为自己的合作者，早在五十年代，就有了两人合着的“典型域上调和函数的系统理论”的发表。之后，华罗庚对陆启铿屡屡委以重任，让一个青年学子走上了成功之路。

陆启铿在科学方面的过人禀赋，还表现为对于科学难题的敏感，他善于捕捉稍纵即逝的机会。在六十年代初，陆启铿在一次与张宗燧的闲谈中了解到，多复变函数论正在应用于量子场论色散关系的证明，他马上意识到这是多复变函数论的一个重要应用方向。通过恶补理论物理，他发现了色散关系中“劈边定理”（edge of wedge）与多复变函数论的解析延拓的联系，从而多年以后在他的指导下，由周向宇完成了“扩充未来光管猜想”的证明，即“扩充未来光管是全纯域”，被认为是 20 世纪“数学发展的亮点之一”。而这次在理论物理领域的涉足，又奠定了他的另一项成就，在国际上率先明确给出规范场与纤维丛联络之间对应关系，并以联络论观点

① M. Gelfand，胥鸣伟译：并不是我们选择了数学作为职业，而是它选择了我们——Yuri Manin 访谈录。《数学译林》，2010 年第 29 卷第 2 期，第 167–175 页。

讨论了作为规范场的引力场。

业余生活

陆启铿有着精彩的内心世界，业余生活丰富。有一种误解，认为数学家都是只局限于精通自己的研究领域，在生活中多是特立独行的怪人。其实，数学和艺术是相通的，它们都是对蕴藏于客观世界中的美的挖掘。艺术阐述的是蕴藏于社会的美，而数学是阐述数字之美。一个人只有对美有所追求，才能迸发出研究科学的热情。庞加莱说：“科学家不是因为有用才研究大自然；他研究它是因为他喜欢它，并且他喜欢它是因为它是美的。如果大自然不是美的，它就不值得知道，并且如果大自然不值得知道，生命就不值得活着。”

陆启铿在澳门中德中学时，受郭秉琦校长的影响，迷上古典音乐，还系统学习过钢琴演奏。到了老年，高兴的时候还可以弹上一曲。对古典音乐的兴趣则伴随了老人一辈子，工作之余常要听上一会儿作为休息，他自己戏称为“养脑”。陆启铿对文学的涉猎十分广泛，家中藏书除了数学典籍，世界名著、二次大战历史、各类人物传记、科普读物、金庸小说无所不包，加之记忆力又好，孩子小时候最爱听他讲故事，他的普通话不好，夹杂着广东话的说书风格常引得家人哈哈大笑。陆启铿的象棋下的也好，连华罗庚都不是他的对手，还要请来国手“教训”他。而游泳更不在话下，年轻时可以横渡昆明湖。陆启铿广泛的业余爱好，让生活变得更有趣，对开拓思维大有裨益。

和睦的家庭生活则是事业的基础。1962 年，陆启铿与张木兰喜结连理，还得到了华罗庚当场祝福。

可以说，陆启铿事业上的成功也源于他对生活的热爱。

陆启铿与中国多复变函数论的初创

陆启铿在多复变函数论领域的成就是卓越的。丘成桐曾经说过：“中国近代数学能超越西方或与之并驾齐驱的主要有三个：一个是陈省身教授在示性类（characteristic class）方面的工作；一个是华罗庚在多复变函数方面的工作；一个是冯康在有限元计算方面的工作。华先生多复变函数方面的贡献比西方至少早了十年，海外的数学家都很尊重华先生在这方面的成就。”①

大家都知道，华罗庚是中国解析数论、矩阵几何学、典型群、自守函数论与多元复变函数论等多方面研究的创始人和开拓者，在诸多方面均有精深造诣和巨大贡献。丘成桐认为，其他方面的贡献多是紧跟国际水平，唯有在多复变函数论领域的成就真正实现了领先于世界水平。

身为华罗庚的学生，陆启铿在多复变函数论领域功不可没、成绩斐然。华罗庚在四十年代多复变函数论产生关注，并在国外对其展开研究。回到国内，他深感多复变函数论研究的重要性和该学科在中国建立的必要性，把陆启铿的研究方向定为多复变函数论。在以后的日子里，华罗庚把陆启铿引为合作者，共同完成了多项成果。陆启铿在华罗庚指示下，为多复变函数论学科建设做了大量具体工作，自己也因此取得惊人成就。

华罗庚和陆启铿师生二人为创立中国多复变函数论学科，并使之得到快速发展，功不可没。陆启铿做出的主要贡献有：

1951 年，调到中科院数学所筹备处，开始了多复变函数的研究；

1954 年，发表论文“*t* 函数的富氏系数”，是初次涉足多复变函数论领域的成果；

1956 年，编写《多复变函数与西几何》，这是国内首部系统的多复变函数论教材；

1956 年，与龚升、钟同德、董怀允、陈杰在数学所开设讨论班，这是国内首个多复变函数论学科的专门讨论班；

1957 年，与钟同德合作发表论文“普列瓦洛夫定理的推广”，这是中国青年学者首篇在多复变函数论领域的重要文章；

1957 年，发表论文“多复变函数论的 Schwarz 引理”，后来被称为“陆启铿引理”，陆启铿开始得到国际数学界同行的普遍认可；

1958 年，与华罗庚合作发表“典型域上调和函数的系统理论”；

---

① 丘成桐：中国数学发展之我见。《人民日报》，1998 年 3 月 26 日。

1959年，在北京大学多复变函数论专门化授课，开始培养国内多复变函数论的基本队伍；

1963年，发表论文“典型流形与典型域”，这项成果在1987年获得国家科技进步三等奖；

1966年，发表论文“关于常曲率的Kähler流形”，后来被称为“陆启铿定理”，其中提到的问题被称为“陆启铿猜想”，是国内多复变函数论领域领先世界水平的成就；

1974年，发表论文“规范场与主纤维丛上的联络”，是用多复变函数论方法解决物理问题的典例；

1980年至1983年，任数学所常务副所长，在恢复正常学术活动的同时，大力开展国际交流，邀请萧荫堂等到数学所做多复变函数论的系列报告，国内多复变函数论学科开始与国际接轨；

1988年，指导周向宇开始“扩充未来光管猜想”的研究，并在十年后取得成果；

1994年，任汕头大学特聘教授，在该校建立了多复变函数论学科。

附录一　陆启铿年表

1927 年

5 月 17 日，生于广东佛山市行仁里。祖籍广东省顺德县龙江乡。父亲陆子骥，母亲梁志雅。在家排行第三，第二子，共有姊妹四人，按年龄顺序依次为：陆启埙、陆筠乔、陆启铿，陆筠仪。出生不久，过继给守寡的二伯母。

1929 年

患小儿麻痹症。

1932 年

被二伯母接去广州居住。

1934 年

9 月，在广州培英中学附小上一年级。

1935 年

二伯母拿到财产后，被二伯母送回到佛山行仁里父母身边。

转学至佛山元甲小学，跳级上了三年级。

1936 年

搬家到佛山市长升街。

9 月，转学至佛山季华小学上四年级。

1938 年

9 月，随父母兄姐妹全家 6 人逃难到澳门，住进贫民区。这样，小学未毕业即告失学。

1939 年

转入中山县联合中学，校长是林卓夫。

旧病复发，双脚疼痛，无法走路，整天待在家中，情绪一度十分低落。

在父亲陆子骥的督促下，念一些四书古文。

1940 年

舅舅途径澳门，顺路拜访；在得到舅舅的安慰和鼓励后，精神状态大为改观，开始主动学习。从堂姐处借来小学和初中的书本，自学各门课程；同时向哥哥学习英文。

1942 年

9 月，以同等学力考入澳门中山县联合中学，读高中一年级。因考试成绩优异，获得“清贫奖学金”。

1943 年

2 月 1 日，林卓夫被日本特务汉奸暗杀，联合中学无以为继，迁出澳门。

9 月，转学至澳门中德学校，读高中二年级。因成绩优秀，免交学费。

1944 年

高中最后的四个学期，均取得全班第一名的“数学奖学金”，并获得三次“德文奖学金”。

被中德学校校长郭秉琦选为《钢铁月刊》的编辑。

获得全澳门国文比赛第三名。

1945 年

7 月，在澳门中德中学高中毕业。因不愿按照父亲意愿从商，于是坐船来到广州。

10 月，中山大学搬回广州。

1946 年

1 月至 6 月，在新乡县桐井中心小学教书。

9 月，考入中山大学数学天文系。

1947 年

5 月 24 日，中山大学学生举行“反饥饿，反内战，要民主”大游行。期间，参加罢课支援活动；之后参加地下学联外围组织：自然科学研究会，并于此认识了日后的入团介绍人洪斯溢。

9 月 23 日，因家境贫困，申请转为师范生，获得批准。

1948 年

在开设的专业课中，非常喜欢刘俊贤教授和胡金昌教授的课程，受此影响，后来选择函数论作为自己的研究方向。

课余自学微分几何和广义相对论。

撰写一篇有关用椭圆函数表示的爱因斯坦方程静态解的论文（未发表）。

受到妹妹病逝消息的沉重打击，产生了辍学的念头；在古永爵的开导下，继续学业。

1949 年

向组织递交了加入新民主主义青年团的申请书。

1950 年

3 月，华罗庚从美国归来，往清华大学数学系任主任，经过广州时在中山大学做学术报告。在此第一次见到华罗庚。

3 月 17 日，被批准为新民主主义青年团正式团员，洪斯溢是其入团介绍人。

4 月，给华罗庚写信表达钦佩之情以及拜师的强烈愿望；华罗庚复信要其提供毕业论文与成绩单，遵照寄出。

6 月 7 日，中国科学院数学研究所筹备处成立。

7 月，大学毕业，毕业论文是《似形表像及模函数》，指导教师是数天系主任刘俊贤教授。毕业后留校任助教，被选为理学院教职员团支部委员和干部学习会理学院支会委员。

10 月 25 日抗美援朝战争开始，动员学生加入志愿军；在物理系学习的堂弟陆启伟参军。

1951 年

1 月 2 日，华罗庚回信表示，愿意向中国科学院推荐其为研究实习员。

7 月，调入中国科学院数学所筹备处当第一批研究实习员。

11 月，作为团的小组长，参与“三反五反”运动。

12 月，随中国科学院数学研究所筹备处迁至清华大学内，住在一处叫“三六所”的宿舍。

1952 年

7 月 1 日，数学研究所正式成立，华罗庚任所长，最初成员有 17 人。

10 月，吴文俊调到数学所。

10 月，“三反五反”运动结束。

同许宝騄、闵嗣鹤、庄圻泰、程民德等人参加了在北京大学举办的多复变函数的一个讨论班，讨论福克斯（B. A. Fuks）的《多复变解析函数论》(俄文)。

在华罗庚正研究的多复变函数构造典型域工作中帮助验算，整理手稿。

1953 年

在华罗庚的建议下，研读德国数学家福尔特（R. Fueter）着的《模函数论》。

数学所成立了微分方程与数论两个组，跟着吴新谋的分析课做辅导。

1954 年

厦门大学的助教钟同德来到数学所进修。

第一篇文章“*t* 函数的富氏系数”在《数学学报》发表。

升任数学所助理研究员。

李国平应邀来数学所作报告，讲述单复变函数的普列瓦洛夫（Privalov）定理。

与一起听报告的钟同德，合作证明了可将此定理推广到多复变函数，并于 1957 年发表结果；李国平对此评价很高。

在华罗庚的建议下，用矩阵方法对卡勒（Kaehler）几何作综合报告，其中包含自己的研究成果，如用伯格曼核函数构造正交系，典型域上的卡勒几何等，报告长达 101 页。其中，对卡勒几何研究的综合性文章“多复变函教与西几何”，后来发表于 1956 年《数学进展》。

根据华罗庚的指示，组织“多复变函教与西几何”讨论班，这是数学所第一个多复变函数论讨论班，讨论班成员有龚昇、钟同德、北京大学的董怀允、陈杰等。根据报告内容，编写讲义。

1955 年

被共青团中央推荐为“社会主义建设青年积极分子”。

6 月，“肃反运动”开始，因在澳门避难那一段经历被定为“特嫌”。

因而被取消资格，不能作为数学所的代表出席当年举行的“全国青年社会主义建设积极分子大会”。

数学所的党领导打算把其调到天津去教中学，被华罗庚保护下来，理由是“腿不方便”。

1956 年

中科院数学所搬到西苑大旅社。

开始与华罗庚合作撰写多篇文章，建立了典型域上的调和函数论和扩充空间的理论。

发表论文“多复变函教与酉几何”（《数学进展》，1956 年第 2 期），这是 1954 年对卡勒几何综合报告的成果，首次探讨了用伯格曼核函数构造正交系，计算出各种典型域的测地线等问题。

为现代数学讨论班撰写讲义。

张宗燧从北师大调到数学所，和张历宁、戴元本、朱重远等成立理论物理小组。

1957 年

年初，受邀参加一个厦大为校庆而举办的学术讨论会，协助华罗庚将陈景润于 10 月从厦门大学调至中科院工作。

4 月，“反右”运动开始，受此影响，数学所的学术活动基本停顿。

母亲去世。

发表论文“多复变函数论的 Schwarz 引理”，首次获得国际数学界同行的普遍认可，这是其第一篇在国际上有影响的论文。

1958 年

文章“多复变函数论的 Schwarz 引理”的英文版登在 *Scientia Sinica*。苏联函数论专家福克斯将文中的结果写进其 1963 年修订版的多复变函数论专著中，该文被引用至今。

与华罗庚合作发表了四篇文章。

1959 年

秋，被华罗庚派到北京大学数学系多复变函数论专门化授课。

下半年，与华罗庚合作完成“典型域上调和函数论”的英文的文章，刊登在《中国科学》纪念建国十周年的特刊上，作为五十年代一系列数学相关工作的概括。

出版著作《十年来的中国科学——数学：多复变数函数部份》（科学出版社）。

1960 年

1 月—2 月，带领数学所的访问学者谢晖春和谭鑫去邢台参与北京水利研究院的项目，研究定向爆破问题。期间用代数函数给了一个公式，并将工作整理“用定向爆破筑坝之堆积形状及高度”一文。

为寻求多复变函数的应用，请戴元本讲授量子场论。

受罗斯托夫大学的数学系主任卡奇切夫邀请去参加全苏函数论大会，但因中苏关系已经恶化，未获科学院外事局批准。

1961 年

4 月，被北大请回继续讲授多复变函数论。为授课方便撰写讲义:《多复变函数引论》与《典型流形与典型域》。

参加了张宗燧主持的关于色散问题的讨论班。通过对“劈边定理”的研究，使其对理论物理中的数学问题产生了浓厚的兴趣，并影响了他以后的研究工作。

8 月 27 日，参加了在天津召开的全国现代物理学中数学问题会议。

发表论文“关于可递域的一个注记”（与许以超合作）。

出版著作《多复变数函数引论》，由科学出版社出版。

1962 年

经洪斯溢的爱人王若兰介绍，与张木兰结婚。

7 月，北京大学的多复变函数论专门化课程结束。

科学院开始招收研究生，为研究生入学考试出试题。

升为副研究员。

第一本专著《典型流形与典型域》，由上海科学技术出版社出版。

父亲去世。

1964 年

参加吴新谋组织的学习法国数学家勒雷（Jean Leray，1906—1998）文章的讨论班，并报告了勒雷在 1959 年新发表的一篇长达 100 页的“复流形上的微积分”的文章。由此，对勒雷建立的柯西 – 范塔皮（Cauchy–Fantappié）公式发生了浓厚的兴趣，开始深入钻研。

8 月 22 日，儿子陆国光出生。

9 月 11 日函数论学术讨论会在上海召开。

1965 年

建议中科院数学所组织“现代数学讨论班”，并在讨论班上作了六次微分几何与李群问题的报告。

撰写“现代数学讨论班”的讲义《微分几何与李群》。

1966 年

发表论文“关于常曲率的 Kahler 流形”，随即被美国英文期刊 *Chinese Mathematics* 翻译转载。

发表论文“关于 Cauchy–Fantappié 公式”，被美国同行译为英文，刊登在美国英文期刊 *Chinese Mathematics* 上。

1968 年

1 月 11 日，女儿陆缨出生。

3 月，开始批判爱因斯坦的“相对论”。

1970 年

中国科学院革命委员会专门成立了“相对论批判办公室”和刊物编辑部。受时局的影响，开始翻阅“相对论”书籍。

1971 年

所在批判组改建为物理所十三室。与刘煜奋、郭振隆、郭汉英组成了引力理论小组，用旋量分析方法研究引力波场方程。撰写讲义《旋量分析与引力辐射》。

7 月，杨振宁第一次访问中国；参与了与杨振宁的座谈会。

1972 年

5 月，在杨振宁第二次访华前，翻译杨振宁的英文报告为中文。

7 月 1 日，杨振宁在北京大学作题为“规范场的积分定义”的报告。听后，开始研究物理中的规范场概念与数学中的纤维丛概念之间的关系，最后确定了规范场就是联络，列举了规范场与纤维丛两者相对应的关系，证明了规范场的积分定义相当于用平行移动来定义的联络，然后撰写纤维丛与规范场的讲义，并在物理所与高能所作了报告。

数学所成立计算站。

1973 年

参加周培源组织的天文会议。

1974 年

发表论文“规范场与主纤维丛上的联络”、“标量—张量引力波”（与刘煜奋、邹振隆、郭汉英合作）、“典型时空中的运动效应和宇观红移现象”（与邹振隆、郭汉英合作）。

1975 年

物理所十三室开始接受整顿，申请回到数学所。

1976 年

在陆汝钤的帮助下，在数学所计算站工作。

在计算站学习和研究符号计算。

5 月，美国数学代表团访华，会见了代表团成员伍鸿熙和科恩。

1977 年

听从伍鸿熙建议，继续多复变函数的研究。

6 月，在友谊宾馆参加了方毅主持的科学院工作会议，会议讨论了《1978—1985 年中国科学院发展规划纲要（草案）》。

1978 年

升为正研究员，成为“文化大革命”后第一批正研究员。

中国科学院恢复研究生的招生工作。为数学所研究生入学考试出题。

华罗庚任中国科学院副院长。

向华罗庚建议，邀请伍鸿熙来数学研究所讲学。经批准后，伍鸿熙携夫人来华讲学。这是其第一次邀请外宾。

发表论文：“食变星偏食光变曲线解”（与陈建生、邹振隆合作）、“有界域解析映照的固有微分的估值”。

1979 年

11 月至 1980 年 3 月，应伍鸿熙邀请访问了美国加州大学伯克利分校、斯坦福大学、普林斯顿大学。这是其学术生涯的第二个转折点。

帮助学生联系出国事宜。

请萧荫堂、伯雷尔等数学家来数学所讲学。这是国内多复变函数论学科开始与国际接轨。

1980 年

4 月，以三分之二的多数票数当选并担任数学所副所长，主持全所日常工作。

与华罗庚一起参加了香港东南亚数学会议。

10 月，当选为中国科学院学部委员和数理学部常务委员。

1981 年

11 月，访问德国波恩大学的马普数学研究所；访问瑞典米塔 – 列夫勒研究所。

1982 年

3 月，访问法国高等研究所。

成为中国共产党党员。

出版著作《微分几何及其在物理学中的应用》。撰写讲义《非线性联络论》。

1983 年

9 月，访问意大利比萨高师及国际理论物理中心。

1984 年

辞去数学所副所长职务。

2 月，中国科学院任命王元为数学所所长，杨乐为副所长。

9 月，作为正式成员在美国普林斯顿高级研究院工作一年，进行多复变函数论的研究。

1985 年

再用柯西 – 范塔皮公式对勒雷公式作进一步的积分表示，预印本寄给赫欣（K. Henkin），得到好评。

5 月—9 月，访问德国马普数学研究所。

10 月，被中国科学院数学研究所聘为“中国科学院数学研究所（开放）学术委员会委员”。

1987 年

勒雷应南开大学邀请来华访问，在京停留期间作了报告。参加了此次报告，会后与勒雷进行了深入交流。

3 月，被厦门大学聘为兼职教授。

“典型流形与典型域”项目获得 1987 年国家自然科学奖三等奖。

1988 年

3 月 10 日，被复旦大学聘为数学系兼任教授，聘期为 1988 年 3 月至 1991 年 2 月。

3 月至 6 月，再次访问瑞典米塔－列夫勒研究所，以及苏联科学院斯捷克洛夫数学所。访问瑞典途中，应勒雷的学生多尔保（Doldbau）邀请，访问巴黎一周；并在法兰西学院庞加莱研究所作报告，勒雷亲自到场。

1990 年

7 月，参加美国洛杉矶微分几何研讨会。

9 月 10 日，被评为 1990 年度中国科学院优秀研究生导师。

9 月，参加在日本京都举办的国际数学家大会，并访问京都数理解析研究所、东京大学、仙台大学等。

1991 年

2 月 10 日，被中国科学院应用数学所聘为兼职研究员。

4 月，被厦门大学聘为兼职教授，任期自 1991 年 4 月至 1994 年 4 月。

10 月，国务院颁发证书，表彰其为发展我国科学研究事业做出的突出贡献，并从 1990 年 7 月起发给政府特殊津贴。

1992 年

2 月 10 日，被河南大学聘为《数学季刊》的名誉编委。

3 月至 4 月，作为所长格里菲斯的客人，访问美国普林斯顿高等研究所。

11 月 4 日，荣获首届“华罗庚数学奖”，一共两人获奖，另一人是陈景润。

11 月 15 日，被厦门大学数学研究所聘期为《数学研究记事》学术顾问，聘期两年。

11 月至 12 月，访问香港理工大学。

1993 年

1 月 15 日，被北京丰翼经济科技综合开发研究所聘为高级顾问。

12 月，因在编纂出版《中国大百科全书》工作中作出重要贡献，被中华人民共和国新闻出版署授予荣誉证书，以示表彰。

1994 年

4 月 8 日，汕头大学举行了聘任陆启铿院士、丁夏畦院士为汕头大学特聘教授、数学研究所研究员暨该所（开放）学术委员会成立仪式。

6 月，被四通集团公司和四通利方信息技术有限公司聘为高级顾问。

1995 年

在汕头大学组织了一次数学物理方面的学术会议。

6 月—7 月，参加了在香港中文大学举办的数学物理研究会。

7 月，参加了汕头大学举办的“第一届华人物理学家大会”。

12 月，被中国科学院数学研究所聘为“中国科学院数学研究所第四届开放学术委员会”委员。

1996 年

2 月—5 月，访问美国韦恩州立大学、麻省理工学院及普林斯顿高等研究所。

发表论文：“多复变函数论的回顾与前瞻”。

1997 年

5 月 13 日，参加第二次全国自强模范暨扶残助残先进集体和个人表彰大会，被国家人事部和中国残联授予“全国自强模范”称号。

出版著作《典型流形与典型域的新篇》，总结 1993 年以后自己取得的结果。

1998 年

离开汕头大学。

伯雷尔第三次来中国讲学。期间，在家中为伯雷尔庆祝生日。

学生周向宇解决了“扩充未来光锥管域”的猜想。

1999 年

5 月 8 日，被福州师范高等专科学校聘为客座教授，聘期 1 年。

2000 年

3 月 6 日，被河南大学聘为《河南大学学报（自然科学版）》编委会顾问。

5 月 8 日，被福州师范高等专科学校聘为客座教授，聘期一年。

2001 年

10 月 25 日，获何梁何利基金“科学与技术进步奖”、“数学力学奖”。

2005 年

1 月，被广东省佛山市铁军小学（注：前身是季华小学）聘为名誉校长。

2006 年

6 月 5–9 日，中科院数学所举办“多复变学术国际会议”（2006 International Conference on Several Complex Variables），庆祝其八十大寿。

2007 年

在 8 月 8 日出版的《寄语奥运 · 寄语海淀》纪念册（第 9 页）上签名寄语："自强不息，祝残疾人奥运会成功！"

2008 年

5 月 10 日，被中国科学院研究生院授予"杰出贡献教师"荣誉称号。

《中国科学：A 辑 数学（Science in China）》第四期刊发特刊，专辑扉页的标题是"A special issue dedicated to Professor LU QiKeng on the occasion of his 80th birthday"（专辑——庆祝陆启铿教授八十大寿）。

2010 年

6 月 12 日，在华老诞辰百年纪念活动上做了题为"中国最伟大的数学家华罗庚"的演讲。

2012 年

7 月 15 日，当选"中国引力与相对论天体物理学会"第一届理事。

2013 年

11 月，论文"Holomorphic invariant forms of a bounded domain"被《中国科学：数学》评为第一届"优秀论文奖"。

2015 年

8 月 31 日，在北京逝世。

附录二　陆启铿主要论著目录

论文

[1] 陆启铿. 多复变数函数与酉几何［J］. 数学进展，1956（4）：567-662.

[2] 陆启铿，钟同德. Привалов 定理的拓广［J］. 数学学报，1957（1）：144-165.

[3] 陆启铿. 多复变数函数的 Schwarz 引理［J］. 数学学报，1957（3）：370-420.

[4] 陆启铿. 典型域内部解析映照的一个定理——献给我最亲爱的朋友［J］. 厦门大学学报（自然科学版）：1957（1）：7-17.

[5] 陆启铿. 多复变数函数的 Schwarz 引理［J］. 科学记录，1957，1（2），5-7.

[6] 陆启铿. 一个解析不变量及其示性作用［J］. 科学记录，1957，1(5)，275-278.

[7] 华罗庚，陆启铿. 典型域上的调和函数论（Ⅰ）——矩阵双曲空间的调和函数［J］. 数学学报，1958（4）：531-547.

[8] Lu Q-K. Schwarz Lemma and Analytic Invariants［J］. Science in China,

Ser.A (Scienta sinica math.): 1958, (5): 453–504.
[9] 华罗庚，陆启铿. 关于奇数行列斜对称方阵双曲空间的 Cauchy 公式 [J]. 科学记录，1958，2 (1)，19–21.
[10] 华罗庚，陆启铿. 李球的 Poisson 积分之边界性质 [J]. 科学记录，1958，2 (2)，69–71.
[11] 华罗庚，陆启铿. 典型域的调和函数论 (Ⅱ)——对称方阵双曲空间的调和函数 [J]. 数学学报，1959, (3): 295–305.
[12] 华罗庚，陆启铿. 典型域的调和函数论 (Ⅲ)——斜对称方阵双曲空间的调和函数 [J]. 数学学报，1959, (3): 306–314.
[13] Hua L–G，Lu Q–K. Theory of Harmonic Functions in Classical Domains [J]. Scientia Sinica，1959, (10): 1031–1094.
[14] Lu Q–K. Slit Space and Extremal Principle [J]. SCIENCE RECORD，1959，3 (7)，289–294.
[15] Lu Q–K. Explicit Formula of the Infinitedimal Connection for A Continuous Representation of Gl (N，R) * [J]. SCIENCE RECORD，1959，3 (7)，295–300.
[16] 陆启铿. 缝空间与极值原理 [J]. 科学记录，1959，3 (1)，228–231.
[17] 陆启铿. 关于 GL (n，R) 的连续表示之无穷小联络的表式 [J]. 科学记录，1959，3 (1)，232–235.
[18] 陆启铿，许以超. 关于可递域的一个注记 [J]. 数学学报，1961，11 (1)，11–23.
[19] Lu Q–K. On a class of homogeneous complex manifolds [J]. Scientia Sinica，1962，6 (6): 624–620.
[20] 陆启铿. 一类齐性的复解析流形 [J]. 数学学报，1962，12 (2)，229–249.
[21] 陆启铿. 关于解析映照正规族的一个定理 [J]. 厦门大学学报 (自然科学版): 1963，10 (1): 41290.
[22] 陆启铿. 一个二次矩阵方程之解及其几何意义 [J]. 厦门大学学报 (自然科学版): 1963，10 (2): 89–134.

[23] 陆启铿. 扩充空间的椭圆几何 [J]. 数学学报，1963，13（1），49−62.

[24] 陆启铿. 关于“扩充空间的椭圆几何”一文的补注 [J]. 数学学报，1963，13（2）.

[25] Lu Q−K. On the complete Kahler manifolds with constant unitary curvature [J]. Scientia Sinica（Notes），1964，14（6），921−924.

[26] Lu Q−K. A Note on the Cauchy−Fantappie Formula [J]. Scientia Sinica（Notes），1964，14（4），624−628.

[27] 陆启铿. 一个特殊函数的极小值问题 [J]. 应用数学与计算数学，1964，1（1），18−46.

[28] 陆启铿. 关于常曲率的 Kǎhler 流形 [J]. 数学学报，1966,（2）: 269−281.

[29] 陆启铿. 关于 Cauchy−Fantappiè 公式 [J]. 数学学报，1966,（3）: 344−363.

[30] 陆启铿，刘煜奋，邹振隆，郭汉英. 标量—张量的Ⅲ型引力波 [J]. 物理，1972，1（1）：45−47.

[31] 陆启铿，刘煜奋，邹振隆，郭汉英. 标量—张量引力波 [J]. 物理学报，1974，23（2）：95−112.

[32] 陆启铿，邹振隆，郭汉英. 典型时空中的运动效应和宇观红移现象 [J]. 物理学报，1974，23（4）：225−238.

[33] 陆启铿. 规范场与主纤维丛上的联络 [J]. 物理学报，1974，23（4）：249−263.

[34] 陆启铿. Q 函数的极小值 [J]. 数学学报，1977，20（1）：41−48.

[35] Lu Q−K，Chen J−S，Zou Z−L. On the Solution of the Light Curve of Partially Eclipsing Binary System [J]. Scientia Sinica，1978，14（5）：613−628.

[36] 陆启铿，陈建生，邹振隆. 食变星偏食光变曲线解 [J]. 中国科学，1978，1（1）：71−83.

[37] 陆启铿. 有界域解析映照的固有微分的估值 [J]. 科学通报，1978，

(3)：146–149 &162.

[38] Chen S–H，Zheng S–Y，Lu Q–K. On the Schwarz Lemma for Complete Kǎhler Manifolds [J]. Scientia Sinica，1979，22 (11)：1238–1247.

[39] Lu Q–K. The Estimation of the Intrinsic Derivatives of the Analytic Mappings of Bounded Domains [J]. Scientia Sinica，1979，Special Issue (Ⅱ) (Special Issue (Ⅱ))：1–17.

[40] 陈志华，郑绍远，陆启铿. 完备 Kǎhler 流形上的 Schwarz 引理 [J]. 中国科学，1979 (9)：849–856.

[41] 陆启铿. 关于 Schwarz 引理 [J]. 全国函数概论会议论文综述部分：函数论专辑，1979，1–5.

[42] 陆启铿，陈东岳. 利用电子计算机进行公式处理 [J]. 计算机学报，1980 (3)：193–201.

[43] 陆启铿，殷慰萍. 一个变系数的波动方程的 Cauchy 问题之解 [J]. 数学年刊 A 辑 (中文版)：1980，1 (1)：115–129.

[44] 吴咏时，陆启铿. 主从上右移不变的度规和变分原理——兼论从空间作为时空和内部空间的统一 [J]. 高能物理与核物理，1980，4 (3)：322–336.

[45] Lu Q–K，Wu Y–S，wu jian–shi. The right–translation invariant metric and variational principles on a principal fibre bundle [J]. Proc. of the 1980 Conference of Theoretical Particle Physics，988–1005 .

[46] 钟家庆，陆启铿. 仿射齐性锥的实现 [J]. 数学学报，1981，24 (1)：116–142.

[47] 陆启铿. 关于 Kǎhler 流形截面曲率的最大和最小值的注记 [J]. 中国科学 –A，1983 (11)：1003–1006.

[48] Lu Q–K，Guo H–Y，Wu K. A formulation of nonlinear gauge theory and its applications [J]. Commun. Theor. Phys.，1983，2 (2)：1029–1038.

[49] Lu Q–K. A Note on the Extremum of Sectional Curvature of A Kahler Manifold [J]. Scientia Sinica，Ser.A，1984，27 (4)：367–371.

[50] Lu Q-K. On the representative domain [J]. Proceedings 1981 Hangzhou Conference, Birkhaeuser, 1984, 199-210.

[51] 陆启铿. 非线性规范场 [J]. 规范场及其他物理问题讨论会文集, 1984, 45-49.

[52] Lu Q-K. The Classification of the Curvature Tensors of Kahler Manifolds [J]. 数学进展, 1985, 14 (1): 64-67.

[53] 陆启铿. Kǎhler 流形曲率张量的分类 [J]. 数学季刊, 1986, 1 (1): 15-32.

[54] 陆启铿. Kǎhler 流形上的格林式与柯西公式 [J]. 数学季刊, 1987, 2 (3): 1-11.

[55] 陆启铿. 超球不变度量的 Green 式 [J]. 中国科学 -A, 1988 (11): 1129-1140.

[56] 洪毅, 陆启铿. 复射影空间中子流形的诱导度量 [J]. 华南理工大学学报 (自然科学版): 1988, 16 (4): 29-38.

[57] Lu Q-K. Green Form to Intrinsic Metric of A Ball [J]. Science in China, Ser.A, 1989, 32 (2): 129-141.

[58] Lu Q-K. The Heat Kernel Of A Ball In C~n [J]. Chinese Annals of Mathematics, 1990, 11 (Ser.B): 1-14.

[59] Lu Q-K. The Poisson Formula For Harmonic (1, 0) -Forms Ball Of C~ (N*) [J]. Acta Mathematica Scientia, 1991, 11 (3): 267-273.

[60] Lu Q-K. The theory of functions of several complex variables in China from 1949 to 1989 [C]. Contemporary Geometry, Plenum Press, New York, 1991, 53-91.

[61] Lu Q-K. The various kernels in classical domains and classical manifolds [J]. Proc. Intern. Symp. in memory of Hua Loo- keng, vol II, 1991, 199-211.

[62] Lu Q-K. On Self-dual Gauge Field [J]. 数学进展, 1993, 22 (1): 92-93.

[63] Lu Q-K, Hong Y. The heat kernel of the classical domain RI (m, n)

[C]. Proc. Mittag-Leffler Institute，chapt.25，1993，483-506，Math. Notes，Princeton Univ. Press.

[64] Lu Q-K. On the Cauchy-Fantappie formula and the solution of \bar{\partial}-equation [C]. Differential Geometry，Proc. Symposium in Honor of Prof. SU Buchin on his his 90th Birthday，ed.By Gu-Hu-Xin，World Scientific，Singapore，1993，137-149.

[65] Lu Q-K. On non-linear gauge theory [J]. Interface Between Physicx and Mathematics，World Scientific，Singapore，1994，138-153.

[66] Lu Q-K. The horo-hypercircle coordinate and its application [J]. Chinese Science Bulletin，1995，40（5）：367-371.

[67] Lu Q-K. A matrix formulation of the complex flag manifold，Five Decades As A Mathematician and Educator (on the 80th birthday of Prof. Yung-Chou Wong) [C]. Five Decades As A Mathematician And Educator，1995，259-277.

[68] Lu Q-K. The mass term of a non-linear gauge field lagrangian [C]. Proceedings of the First International Conference on Frontiers of Physics，Joint Meeting of the Chinese Physical Societies，shantou，China，1995，558-563.

[69] 陆启铿. 多复变函数论的回顾与前瞻 [J]. 首都师范大学学报（自然科学版）：1996，17（4）：1-7.

[70] Lu Q-K. Real horo-hypercircle coordinate [J]. Chinese Science Bulletin，1996，41（7）：542-544.

[71] Lu Q-K. The horo-hypercircle coordinates and their application to the contruction of a heat kernel. [J]. Study in Advanced Math，5，1997，131-174.

[72] Lu Q-K. The Yang-Mills fields on the Minkowski space [J]. Science in China，Ser.A，1998，41（10）：1061-1067.

[73] Lu Q-K. The unitary connections on the complex Grassmann manifold [J]. Science in China，Ser.A，1998，41（12）：1248-1254.

[74] Lu Q-K. The eigen functions of the complex projective space [J]. Acta Math. Sinica (N.S.): 1998, 14 (1): 1-8.

[75] Lu Q-K. A Note on Self-Dual and Anti-Self-Dual Gauge Field [J]. Systems Science and Mathematical Sciences. 1999, 12 (Suppl): 70-73.

[76] Lu Q-K. On AdS/CFT correspondence of EYM fields [J]. Science in China, Ser.A, 2001, 44 (4): 445-451.

[77] Lu Q-K, Chang Z, Guo H-Y. Global geometric properties of AdS space and the AdS/CFT correspondence [J]. Science in China, Ser.A, 2001, 44 (6): 690-695.

[78] Lu Q-K, Wang S-K, Wu K. Global solutions of Elnsteln-Dirac equation on the conformal space [J]. Commun. Theor. Phys., 2001, 36 (2): 129-130.

[79] Lu Q-K. A global solution of the Einstein-Yang-Mills equation on the conformal space [J]. Science in China, Ser.A, 2002, 45 (3): 342-355.

[80] Lu Q-K, Wang S-K, Wu K. Global solutions of Einstein-Dirac equation [J]. Asian J. Math, 2004, 8 (1): 1-25.

[81] Lu Q-K. Heisenberg Group and Energy-Momentum Conservative Law in de-Sitter Spaces [J]. Commun. Theor. Phys., 2005, 44 (3): 389-392.

[82] Lu Q-K. On the quaterniol'1 ball and the quaternion projective space [J]. Acta Math. Sin. (Engl. Ser.): 2005, 21 (3): 449-456.

[83] Lu Q-K. Hua operator on vector bundle: application to AdS/CFT correspondence of Dirac fields [J]. Science in China Series A (English Series), 2005, 48 (3): 413-431.

[84] Lu Q-K, Wu K. A representation of the Lorentz Spin group and its application [J]. Acta Math. Sin. (Engl. Ser.), 2007, 23 (4): 577-598.

[85] Lu Q-K. Holomorphic invariant forms of a bounded domain [J]. Science in China Series A (English Series), 2008, 51 (11): 1945-1964.

[86] Lu Q-K. The Conjugate Points of Cp~∞ and the Zeroes of Bergman Kernel [J]. Acta Mathematica Scientia, 2009, 29 (3): 480-492.

[87] Lu Q-K. On the Curvature Conjecture of Hua L o o-Keng [J]. Acta Math. Sin. (Engl. Ser.), 2012, 28 (2): 295-298.

[88] 陆启铿. 中国科学院数学研究所的讨论班工作 [J]. 科学通报, 1954, (2): 79-80.

[89] 陆启铿. 希望有较多的数学工作者研究多复变数函数论 [J]. 科学通报, 1959, (7): 233-234.

[90] 陆启铿. 建议将数学列入国家重大基础研究规划中. 选自 2000 年院士建议, 382-385.

[91] 刘振兴, 陈运泰, 曾庆存, 赵忠贤, 吴国雄, 黄荣辉, 朱日祥, 王佛松, 陈翰馥, 张广学, 陆启铿, 梁敬魁, 朱邦芬, 杨福愉, 张仁和. 关于自然科学学术期刊纳入公益性事业管理的建议 [J]. 科技导报, 2005, 23 (8): 81.

[92] 刘振兴, 陈运泰, 曾庆存, 赵忠贤, 吴国雄, 黄荣辉, 朱日祥, 王佛松, 陈翰馥, 张广学, 陆启铿, 梁敬魁, 朱邦芬, 杨福愉, 张仁和. 关于自然科学学术期刊纳入公益性事业管理的建议 [J]. 中国医学科学院学报, 2005, 27 (6): 657-658.

[93] 刘振兴, 陈运泰, 曾庆存, 赵忠贤, 吴国雄, 黄荣辉, 朱日祥, 王佛松, 陈翰馥, 张广学, 陆启铿, 梁敬魁, 朱邦芬, 杨福愉, 张仁和. 关于自然科学学术期刊纳入公益性事业管理的建议 [J]. 中国科技期刊研究, 2005, 16 (4): 437-438.

[94] 刘振兴, 陈运泰, 曾庆存, 赵忠贤, 吴国维, 黄荣辉, 朱日祥, 王佛松, 陈翰馥, 张广学, 陆启铿, 梁敬魁, 朱邦芬, 杨福愉, 张仁和. 关于自然科学学术期刊纳入公益性事业管理的建议 [J]. 学会, 2006, 23 (8): 58-59.

[95] 文爱平, 陆启铿. 无障碍城市, 我们离你有多远? [J]. 北京规划建设, 2007, (6): 180-183

[96] 刘培杰. 精神的圣徒, 别样的人生 -60 位中国数学家成长的历程 [M] \\ 陆启铿. 我有最好的老师 - 华罗庚. 哈尔滨: 哈尔滨工业大学出版社, 2008: 70-73.

著作

[97] 陆启铿. 多复变函数引论 [M]. 上海：科学技术出版社，1961.

[98] 陆启铿. 典型流形与典型域 [M]. 上海：科学技术出版社，1963.

[99] 陆启铿. 微分几何学及其在物理学中的应用 [M]. 北京：科学出版社，1982.

[100] 陆启铿. 典型流形与典型域（新篇）[M]. 上海：科学技术出版社，1997.

[101] Faraut J, Kaneyuki S, Koranyi A, Lu Q-K, Roos G. Analysis and Geometry on Complex Homogeneous Domains [M]. Boston: Birkhäuser, 2000.

[102] 陆启铿，殷慰萍. 多复变在中国的研究与发展 [M]. 北京：科学出版社，2009.

[103] 陆启铿. 典型流形与典型域 [M]. 北京：科学出版社，2011.

参考文献

[1] 杨振宁．读书教学四十年［M］．北京：三联书店，1987：46–100.

[2] 周发勤．中国现代科学家传记（第二集）［M］// 陆启铿传．北京：科学出版社，1991：120–126.

[3] 殷慰萍．著名数学家陆启铿学部委员——庆贺陆启铿教授 65 寿辰［J］．数学季刊：1992，7（3）：1–8.

[4] 王元．华罗庚［M］．北京：开明出版社，1994.

[5] 刘羡冰．教育征文选［M］// 第二次世界大战期间的澳门教育．澳门：澳门教育出版社，1996.

[6] 温瑾．自强之歌 2［M］// 温瑾，乐章在断了弦的琴上奏响．北京：华夏出版社，1997：1–5.

[7] 杨振东，杨存泉．杨振宁谈读书与治学（修订版）［M］．广州：暨南大学出版社，1998.

[8] 刘羡冰．世纪留痕．二十世纪教育大事志［M］．澳门：刘羡冰出版，2002：81.

[9] 陆启铿．一位诚实的科学家——怀念张宗燧先生［N］．科学时报，2005-12-06.

[10] 汪菲．相对论在中国的一段遭遇［N/OL］．中国青年报，2005-06-08.

[11] 周发勤．中国科学技术专家传略（理学编数学卷Ⅱ）［M］// 陆启铿传．北

京：中国科学技术出版社，2006：213-244.

[12] 王丹红. 陆启铿院士忆述陈景润是怎么调到数学研究所的［N］. 科学时报，2006-06-02.

[13] 吴定宇. 中山大学校史［M］. 广州：中山大学出版社，2006.

[14] 陆启铿. 与基础研究和学科交叉有关的一些经验［N］. 科学时报，2008-07-24.

[15] 王扬宗，曹效业. 中国科学院院属单位简史（第一卷·上册）［M］. 北京：科学出版社，2010.

[16] 陆启铿. 华罗庚对中国数学科学事业的贡献［N］. 科学时报，2010-09-28.

后 记

本书的写作，是从 2013 年 10 月份开始的，走到今天终于告一段落。随着研究工作的深入，我们挖掘到更多尚未公开的宝贵资料，听闻到无数鲜活的故事情节，展现在我们面前的是一位科学家在那个跌宕起伏的年代里不凡的经历。在这次研究过程中，老一辈科学家勤奋工作、严谨治学、淡泊名利、自强不息的精神让我们获益良多。本传记能给大家带来些许启示，是我们采集小组全体成员的期望。

在项目进行中，我们得到了陆先生本人及其家人、朋友、同事、学生的热情帮忙和大力支持。陆先生和夫人张木兰女士都腿有残疾，在我们采访时都已是耄耋之年，他们不仅配合我们进行了多次访谈、录像，并且提供了珍藏的资料；陆先生的女儿陆缨女士，远在美国，为我们提供了她儿时印象的点滴细节。作为陆先生的朋友、同事或学生，陆汝钤院士、邹振隆研究员、张历宁教授、殷慰萍教授、王世坤研究员、谭小江教授、周向宇研究员、杨小舟研究员都百忙之中接受了我们的访谈，帮助我们更全面地了解陆先生的工作和为人。除此之外，有的受访者为我们提供了相关素材，有的受访者指出我们忽略了的方向……在此特表达我们最诚挚的谢意和最由衷的感激！

从提笔到完成，有多少可敬的师长、同学、朋友给了我无言的帮助，请接受我最衷心的感谢！

最后，我要感谢我的父母，焉得谖草，言树之背，养育之恩，无以回报。你们健康快乐是我最大的心愿。

老科学家学术成长资料采集工程丛书

已出版（76种）

《卷舒开合任天真：何泽慧传》
《从红壤到黄土：朱显谟传》
《山水人生：陈梦熊传》
《做一辈子研究生：林为干传》
《剑指苍穹：陈士橹传》

《情系山河：张光斗传》
《金霉素·牛棚·生物固氮：沈善炯传》
《胸怀大气：陶诗言传》
《本然化成：谢毓元传》
《一个共产党员的数学人生：谷超豪传》

《含章可贞：秦含章传》
《精业济群：彭司勋传》
《肝胆相照：吴孟超传》
《新青胜蓝惟所盼：陆婉珍传》
《核动力道路上的垦荒牛：彭士禄传》

《探赜索隐　止于至善：蔡启瑞传》
《碧空丹心：李敏华传》
《仁术宏愿：盛志勇传》
《踏遍青山矿业新：裴荣富传》
《求索军事医学之路：程天民传》

《一心向学：陈清如传》
《许身为国最难忘：陈能宽》
《钢锁苍龙　霸贯九州：方秦汉传》
《一丝一世界：郁铭芳传》
《宏才大略：严东生传》

《此生情怀寄树草：张宏达传》
《梦里麦田是金黄：庄巧生传》
《大音希声：应崇福传》
《寻找地层深处的光：田在艺传》
《举重若重：徐光宪传》

《魂牵心系原子梦：钱三强传》
《往事皆烟：朱尊权传》
《智者乐水：林秉南传》
《远望情怀：许学彦传》
《没有盲区的天空：王越传》

《行有则　知无涯：罗沛霖传》
《为了孩子的明天：张金哲传》
《梦想成真：张树政传》
《情系粱菽：卢良恕传》
《笺草释木六十年：王文采传》

《妙手生花：张涤生传》
《硅芯筑梦：王守武传》
《云卷云舒：黄士松传》
《让核技术接地气：陈子元传》
《论文写在大地上：徐锦堂传》

《铃记：张兴铃传》
《寻找沃土：赵其国传》
《虚怀若谷：黄维垣传》
《乐在图书山水间：常印佛传》
《碧水丹心：刘建康传》

《我的气象生涯：陈学溶百岁自述》
《赤子丹心 中华之光：王大珩传》
《根深方叶茂：唐有祺传》
《大爱化作田间行：余松烈传》
《格致桃李半公卿：沈克琦传》
《躬行出真知：王守觉传》
《草原之子：李博传》

《我的教育人生：申泮文百岁自述》
《阡陌舞者：曾德超传》
《妙手握奇珠：张丽珠传》
《追求卓越：郭慕孙传》
《走向奥维耶多：谢学锦传》
《绚丽多彩的光谱人生：黄本立传》

《宏才大略 科学人生：严东生传》
《航空报国 杏坛追梦：范绪箕传》
《聚变情怀终不改：李正武传》
《真善合美：蒋锡夔传》
《治水殆与禹同功：文伏波传》
《用生命谱写蓝色梦想：张炳炎传》
《远古生命的守望者：李星学传》

《探究河口 巡研海岸：陈吉余传》
《胰岛素探秘者：张友尚传》
《一个人与一个系科：于同隐传》
《究脑穷源探细胞：陈宜张传》
《星剑光芒射斗牛：赵伊君传》
《蓝天事业的垦荒人：屠基达传》